陪孩子终身成长

编著

中国商业出版社

图书在版编目(CIP)数据

陪孩子终身成长 / 品墨编著. -- 北京 : 中国商业出版社, 2021.2(2022.5 重印)
ISBN 978-7-5208-1451-5

Ⅰ. ①陪… Ⅱ. ①品… Ⅲ. ①儿童教育-家庭教育 Ⅳ. ①G782

中国版本图书馆 CIP 数据核字(2020)第 250245 号

责任编辑：石胜利
策划编辑：王　彦

中国商业出版社出版发行
（www.zgsycb.com　100053　北京广安门内报国寺 1 号）
总编室：010-63180647　编辑室：010-63033100
（100053　北京广安门内报国寺 1 号）
发行部：010-83120835/8286
新华书店经销
三河市众誉天成印务有限公司印刷

*

880 毫米×1230 毫米　32 开　6 印张　136 千字
2021 年 2 月第 1 版　2022 年 5 月第 3 次印刷
定价：36.00 元

* * * * *

（如有印装质量问题可更换）

前言

为人父母者都希望自己的孩子在学校成绩优秀，在家乖巧听话，在外能与他人和睦相处。然而，现实是复杂多变的，孩子的成长必然会受到各种各样因素的影响，这些因素共同影响着孩子的成长轨迹，进而决定着孩子的未来。这些因素包括孩子的个性、智力、情商，以及父母教育孩子的方法等。

“玉不琢，不成器。”孩子如同璞玉，只有在精心雕琢之下，才能绽放出最华美的光彩。一个孩子在成长之初，如同一张白纸，父母给予什么样的教育，孩子就会成为什么样的人。家庭是孩子人生中的第一所学校，父母就是孩子的启蒙老师。父母的言传身教，对孩子的智力发展、习惯养成、性格形成，以及能力、心态、品德的培养等方面有着重大影响，甚至决定着孩子的一生。

好父母成就好孩子。天下没有教不好的孩子，只有不会教的父母。父母自身素质的差异以及教育方法的差别，影响孩子最终取得不同的成绩。父母的成长关乎着孩子的未来，和孩子一起成长才是最好的养育。

没有人天生就是教育专家。父母陪伴孩子成长的过程，也是自我成长和提升的过程。教育孩子，有其独特的方式和技巧。教育不得法，不仅不能达到培养目标，还有可能导致父母和子女无法沟通，甚至造成孩子出现逆反心理。然而，要想教育出好孩子，首先要学会做好父母，提高自身素质。孩子是站在父母肩膀上的，父母越高，孩子就能在父母的基础上站得更高、看得更远。

养育注定是一场渐行渐远的离别，但陪伴的时光永不褪色。陪伴孩子，和孩子一起成为更好的自己。《陪孩子终身成长》以孩子的健康快乐成长为焦点，提醒父母在教育孩子的同时也要注意自身的提高，与孩子共同成长，这才是家庭和睦、人生双赢的最佳结果。阅读本书可以让父母了解基本的教育学、心理学知识，掌握各种科学的教育方法和技巧，依据孩子的兴趣爱好，为孩子量身定制培养计划，最终培养出优秀的孩子，让千万父母实现“望子成龙”“望女成凤”的梦想。

2020 年 8 月

目录
contents

第一章

读懂孩子的心是最有效的管教

要全方位了解你的孩子

对大多数父母来说，教导孩子成才是最重要的事情。不过要想把孩子教育好，就先要真正懂孩子，因为只有真正把自己的孩子读懂了，才能让孩子有所进步。按常理推断，最了解孩子的人非父母莫属，但是事实却往往并不是这样的，懂孩子并不仅仅是指朝夕相处。很多家长都不是真正地了解孩子，他们对孩子的了解仅限于物质需要和身体状况这些层面上，在别的方面则很少关注孩子。其实，父母只关心孩子的物质需要、身体状况，却从不关注孩子的心理需求和精神需求，孩子便不知道怎么去倾诉自己的感受，这样会造成父母和孩子感情上的疏离和遇到问题时家长的不知所措。

这天，17岁的王明做了一件很惊人的事情：在自己家附近抢劫了一部手机。当问他为什么这么做的时候，他的回答出乎所有人的意料。原来，王明这么做的原因，只是认为家里没有人重视自己，想通过这么做让家长对他多一点儿关注。他说："在家时很少能有人和我交流，也不知道我的学习成绩和朋友，父母跟我说得最多的就是‘在学校好好听课学习’。从小到大，我很想知道父母心中想的是什么，我在他们眼中是个什么样的孩子？”

其实，王明一家是从乡下搬到城里来的，他的父母都是普通工人，没有很高的收入，面临的压力也比较大。当父母忙于生计的时候，孩子和父母的距离也因此变大。他们只考虑到满足孩子的物质需求，其他方面基本上跟孩子没什么交流，也不去过问孩子的生活情况。王明的父亲认为，儿子是肯定不会跟坏孩子交往的，只是去上网玩，不会出什么事情，自己只需多挣点钱让孩子花就行了。

前些天中考，王明没有达到理想目标，心里很不舒服。父母不仅没有安慰，还责骂他没有达到父母的要求。在极其冲动的情况下，王明才做出了这么恶劣的事。事后，父亲很后悔，承认应该抽出时间和孩子交流，要是早点知道孩子是这么想的，自己就算再忙也要抽出时间来陪孩子，孩子也不会真的犯错误。

其实在很多家庭里，像王明父母这样的家长数不胜数，他们并不是真正懂孩子，觉得只满足孩子的物质需求就够了。很多家长只是关心孩子的成绩，而忽略其他。因为家长不了解孩子，当孩子出现什么问题时，父母也不会表示理解和关爱，孩子受伤的心灵不知道怎么开解，时间长了，就会走错路。当发现孩子走错路时，再想了解孩子，已经错过机会了。

想对孩子进行说教前，要先确定自己是否真的懂孩子。要想真正懂孩子，不但要注意孩子的身体状况，还要注重孩子的想法和感受、认真观察孩子的行为举止、知道他们想的是什么。如果家长能全面、客观地了解自己的孩子，便会为孩子的前途打下基础，也就能有效地对孩子进行教育，孩子也就能健康、快乐地成长了。不少父母总是想知道自己孩子的处境，却没有更好的办法。那么，通往孩子心里的路在哪里呢？

1. 要懂得自己的孩子是什么类型的人

每个孩子都有独一无二的个性，通过观察孩子的表现，家长可以了解孩子的个性，会明白孩子的想法和本性，充分创造有利条件让他们更好地发展。就像一些孩子总是自以为是，喜欢争论，喜欢刨根问底，也能主动学习，不过也会固执己见，总会不管别人的想法独断专行。对这类孩子进行教育时，就应该采取比较开放的教育方式，不能有太多限制。

2. 以发展变化的眼光来了解孩子

孩子小的时候，在家长面前都是没有戒备的，总是围着父母转，心理也没那么复杂，父母当然能了解孩子的思想。不过当孩子进了学校，父母便不是之前的那个家长了，随着孩子慢慢地长大，心理也在不断变化，活动范围也与之前不同了，这一切都需要孩子自己去分析和理解。假如家长还不改变思维方法，想当然地认为孩子要按照自己说的去做，这样的话，父母跟孩子之间的关系就会越来越不好。

3. 在共同生活中培养沟通的习惯

当父母和孩子生活在一起时，家长要让孩子心中有所想、有所念，营造轻松的氛围，养成家庭对话的习惯。每天吃完晚饭，和孩子一起去散步；和孩子进餐的时候，适当聊一些话题；每天晚上都到孩子房间看看，问孩子在学校遇到了什么事，和孩子分享自己的每一件事情……通过这种对话可以了解孩子生活的点滴，进而全面地了解孩子的本性。

切切实实读懂孩子的内心感受

日常生活中，很多时候家长只是注重孩子的成绩，不注意孩子内心真正的感受。时间长了，孩子便会产生严重的心理问题。假如孩子长期处在压抑和被否定的状态中，只会让亲情变得越来越淡。说不定孩子还可能会慢慢变得抑郁。

芳芳今年15岁了，家人都很宠爱这个家里唯一的孩子，不过冲突却总是无法避免的。有一次，由于一点儿小事，芳芳跟妈妈顶嘴。妈妈随口说了一句："真是白养你这个女儿了。"芳芳听完后觉得很委屈，之后一直没有再和妈妈说话。后来，妈妈问芳芳："我没有说你什么，也没有辱骂你，你为什么这么生气啊？"孩子的回答让家长大吃一惊，她说："你都说白养我了，还要我干吗？你一点儿都不爱我。"妈妈没想到自己的这句话会让孩子心中埋下这么深的仇恨。

还有一件事，当孩子回家的时候，告诉爸爸："我期中考试考好啦。"后来又对妈妈说："妈妈，当老师念分数的时候，我十分激动，心扑通扑通一直跳。”

“你为什么这么激动？”妈妈问。

芳芳转过头来看着爸爸说：“假如再考不好，我这个月就没有零花钱了。我怎么能不激动啊？自从你和爸爸这么规定之后，我就一直处于紧张状态。”原来芳芳的爸爸为了让芳芳能努力学习，确实说过考不好就不给零花钱这样的话，但却是完全不自觉的。不过，让芳芳的爸爸没想到的是，一句话竟然会在孩子心中有着这么大的反应。

其实，很多家长都是这样，自己只是嘴上说说而已，总是和孩子讲条件，却不注重孩子的真正感受。虽然有时候孩子们不对抗，但内心却承担着莫大的压力。时间长了，孩子便可能会出现心理问题。离孩子最近的人是父母，假如连父母都不能真正理解孩子，孩子只会更加封闭，越来越逃离家庭，这是件很可怕的事情。

教育不是单方面的，不只是嘴上说说，而是心中的准则。如果父母不了解孩子的内心，就不会知道他们在想什么，他们又怎么跟父母合作呢？只有真正了解孩子内心所想，在教育的时候才能真正解决问题。那么，家长该怎么做才能真正了解孩子呢？

1. 不要简单地对孩子说“我了解你的感受”

当孩子跟家长倾诉时，家长经常用很简短的一句“我能懂得你的感受”就想打发孩子。当然，总是这样的话，孩子也不会把家长的话放在心上，他们会认为自己并没有得到应有的重视，所以就可能用反驳家长的方式来表示自己的反抗——“不是的！你完全不知道我的想法！”如果让孩子能更深刻地感受到父母对他的爱，交流就会容易多了。

2. 不要总是觉得自己可以猜出孩子的想法

孩子和家长的想法是完全不同的，当孩子表达自己感受的时候，并不会直接表现。家长不可能知道孩子的所有想法，唯一能做的就是尽量去感受。这样虽然并不总是成功的，但孩子一定能感受到父母的爱。

3. 要包容孩子的想法，尤其是不良情绪的爆发

孩子的感受家长一定要顾及，不然会让孩子的不满程度增加。比如，当孩子表现得很伤心或者生气的时候，就可能会摔东西、撕书等，经常会让家长不知所措，不知道该怎么办。在这种时候，家长不应该是去辱骂和质疑，而是要先去了解孩子为什么这么做。更关键的是，当孩子发脾气的时候，家长一定要陪在他身边，让孩子感觉即使是这样不好的自己也能被父母理解。不过，这并不表示做家长就没有原则。例如当孩子摔东西时，家长要让孩子知道这些东西不是用来摔的，如果只是想让自己心中释放一下，可以不用这样。另外，家长还可以用一些比较缓和的方式来给孩子疏导情绪，比如可以让孩子动手描绘出自己的情感。

请站在孩子的角度思考问题

日常生活中，很多人都会因为孩子不理解家长的苦心而烦恼，他们认为自己为孩子付出很多，辛苦地教育孩子，做什么事都是为了孩子，孩子怎么就不求进步、不理解父母栽培他们的苦心呢？很多父母都为此伤心难过，但是却很少有人能从孩子的视角看待问题。家长总是从自己的立场上去看待问题，单纯地将孩子的一些短暂的情况连接起来，然后再上升到理性的角度去进行评判。如果只是用一些强迫的方式去改正他们眼中孩子的不好之处，还可能会让孩子受到更大的伤害。

小轩现在上小学四年级，是一个活泼的孩子。暑假打算去北京游玩的时候，小轩特别兴奋，还跟爸爸妈妈保证到时候一定听话。他们去的第一个地方是故宫。原来都是在电视上看，现在看到了真正高大巍峨、金碧辉煌的宫殿，小轩异常开心。孩子兴高采烈地和家长探讨哪个是皇帝的屋子，皇帝在哪里上朝，那些宫殿的椅子都是怎样的……家长觉得孩子的问题实在是搞笑至极，对小轩的问题也没认真回答。

大量的精美艺术品陈列在故宫里，吸引了父母的注意力，父母在奇珍异宝前仔细地欣赏起来。不过小轩并没有被这些精美的艺术品震撼，相反，他觉得这些艺术品没有什么太大的看头，就到处乱窜。过了一会儿，父母鉴赏一幅画作的时候，突然发现小轩不在身边了。爸爸妈妈顿时心急如焚，终于在宫殿外的空地上找到了小轩。

孩子正在和其他小朋友们做着开心的小游戏。爸爸看到这里

孩子的世界跟大人的不同，孩子有自己的小天地和心思，如果站在孩子的角度观察和思考问题，之前对孩子的不了解便都会变得清晰明朗起来了。

很生气，把小轩带进了博物馆，而且还让妈妈好好看着他。爸爸还对小轩说：“你答应过我们要听话的，现在却到处乱跑，我们不会让你再出来和别人玩了。”小轩听到爸爸批评自己，感觉很生气。他想不明白自己看那些“没有用处的东西”是为了什么。

这种事情在日常生活中并不少见。很多父母在训斥孩子的时候，都不会设身处地地为孩子着想。大多数父母都是从自己的角度出发并按照自己的行为准则来要求孩子，用大人的价值观来评价孩子，以一种高姿态来命令孩子。其实父母应该知道，与大人是不同的，假如大人非要按照自己的思想塑造孩子，这样一定会让孩子心中有所愤怒和不快。另外很多家长在处理矛盾时，只是为了让自己方便，完全不管不顾孩子的想法，这是非常错误的。

位置不同，风景也不同，站在不同角度就会有不同的情况。假如家长能够设身处地地为孩子考虑，便会看到很多我们不能接受的事情，其实是孩子的本性。当处理孩子的问题时，从孩子的角度来看待和分析问题，便可以迎刃而解，并且只有这样做，家长才能真正理解孩子，从而让孩子心中的想法有所改善。

1. 学会换位思考，要明白孩子的内心想法

很多家长认为这样的做法就是单纯地互换位置，不容易做到。事实却并不是这样。换位思考其实就是真正地为他人着想，能够理解他人。在家长和孩子的关系中，换位思考就是说，家长要处处为孩子想，要尽力去了解孩子的想法。如果家长和孩子之间出现矛盾，家长可以这样问自己：我们小时候也会有这样的困惑，

我们想让父母怎么做呢？或者，当时家长这么说，我怎么办？这就是换位思考的真谛。如果家长一直这样做，便会感到自己和孩子的距离缩小了。

2. 了解孩子的天性

孩子贪玩、不爱学习是每个家长都会抱怨的事，却不知道这只是孩子的一种本性；很多孩子天生性格内向，不擅长与别人交流，父母总是说孩子很傻很笨……这些其实都是因为他们不了解孩子。要真正地为孩子想、为孩子做，就需要真正全面细致地了解孩子，而不要把孩子的天性压在自己的权威下。

3. 学习孩子的优点，做进一步挖掘

假如家长不理解自己的孩子，不知道孩子的想法，肯定也就做不到从孩子的角度去看待问题。如今的孩子和儿时的我们相比，思想上发生了很大的变化，跟我们小的时候有很多不同。现在的孩子是崇尚平等、自由的新一代，这些都是比父母先进的地方。所以家长要将自己的陈旧观点扔掉，跟上时代的步伐，去适应孩子。只有这样，家长和孩子之间才会有可以互相说的话。只有父母知道了孩子心里真正想的是什么，才可以让孩子换个角度看待问题。

别把家长的意愿强加给孩子

面对孩子，有些父母总是以命令的口吻说话，想让孩子完全按照自己的想法生活，认为家长的做法永远是对的，而孩子永远都是错的。这些家长基本上都不会站在孩子的角度去思考问题，在孩子和父母意见不一致的时候，他们常常会根据自己的经验为孩子做决定，很少考虑孩子自己的纯真愿望。许多家长就是用这样强制的“爱”让孩子失去了自由，让孩子被迫接受家长的思想。这样做，不仅孩子不会赞同，更会让孩子心生芥蒂。

崔颢的父母事业心都很强，对工作兢兢业业，成绩斐然。崔颢是他们唯一的儿子，因此他们对崔颢寄予了很大的期望。孩子的舅舅是一位有名的厨师。每当家庭聚餐的时候，舅舅都能做出很多好吃的东西。孩子很喜欢舅舅做的每一道菜的味道，更喜欢舅舅做的每一道菜的形状。每次到姥姥家，他都喜欢和舅舅一起在厨房里忙碌，并决心要做一名厨师。

高考志愿填报时，崔颢按自己的心愿报了一所名声很好的烹饪专业院校，爸爸妈妈却强烈反对。妈妈说：“你以为当厨师很好吗？你就是没考上大学，也不能去学做菜。你现在成绩这么好，完全可以有更好的前途。”但崔颢却坚持自己的理想，不想轻易放弃。没想到，在填报志愿的最后阶段，家长私自篡改了孩子的选择，之后孩子顺利地被一家政法院校的法律专业录取了。崔颢父母觉得这个专业很有前途，毕业后做律师是个体面又能赚钱的工作，但这却是崔颢没有兴趣的行业。接到录取通知书时，崔颢顿时愣住了，他提出抗议，说自己不去上学。后来在朋友的劝说之下，崔颢才决定去大学报到。

可是崔颢在大学校园里心情十分烦闷，并且开始厌学，慢慢地，崔颢越来越喜欢逃课，更多的时候是待在宿舍里打游戏。

其实在日常生活中，像崔颢父母这样的家长还有很多。这样的父母非常独断，当孩子面临人生的一些抉择，例如填报高考志愿，他们不注重孩子的喜好，只是把自己的主观意志强加给孩子，强迫孩子报考不感兴趣的专业。孩子拗不过，只好顺着父母的脚步前进。很多父母觉得，孩子年龄还小，很多事情还不懂，家长这样做完全是为孩子好。殊不知，虽然孩子还没长大，但他们都是有思想的人，都有自己的想法。假如只是一味地要求孩子遵从家长的意愿，结果不但孩子难以接受，家长自己也会面临困境。

好多家长都觉得为孩子决定未来是有利于孩子的，但假如只是让孩子听从自己的意愿，把自己的想法都强加在孩子身上，那么孩子就会觉得自己压力很大。孩子面临太大的压力，这会让孩子们不愿接近父母，对父母产生抵触情绪，跟父母的关系就会变得不好，孩子也会不愿意上学，严重的甚至会犯罪；还有些孩子对生活没兴趣，也不喜欢学习，对生活没有信心。这些都不利于孩子心理的正常发育。那么，如果家长要尊重孩子，是不是就意味着对孩子放手不管呢？父母该怎样正确指导孩子成长呢？

1. 不要把自己的想法强加在孩子身上

不是谁都可以一直完美地做事。很多家长有一些没有实现的梦想，他们就想要让孩子去完成自己未实现的愿望。就像有人喜欢跳舞、喜欢舞台的灯光，最后却没有实现梦想，于是就让孩子也去学跳舞，这其实是一种错误的方式。因为每个人跟其他人的想法都不同，家长的想法并不代表孩子的意愿，家长没完成的意愿也不应该让孩子去完成。

2. 尊重孩子的现状

孩子的性格特征、知识水平等是不同的，父母心里所想的也不一定就是孩子喜欢的。虽然孩子的成长都有着父母的痕迹，但并不一定要跟父母所想的轨迹相同。家长过高的要求会让孩子很累。所以，家长要真正了解孩子的想法，不要太高估孩子的能力和误解孩子的行为方式。这样的话，家长就能以一颗平常心看待孩子，不会因为梦想太大就无限地给孩子压力。

3. 给孩子最后的决定权

如果孩子的一些说法父母觉得合理，就应该给孩子鼓励和支持。当孩子面临重大抉择时，家长要做的只是帮助和策划，可以帮孩子收集需要的资料，可以给孩子提一些建议。即便孩子的理想并没有遵从父母的意愿，也要冷静地和孩子交流，尊重孩子自己的理想和追求，和孩子一起商量，让孩子知道自己想的是什么，再让孩子决定这件事该怎么做。

要随时把握孩子的感受

父母要经常了解孩子的想法，对孩子的情绪变化要及时关注。其实孩子跟大人一样，心里也会有不好受的时候。假如孩子的心理长期存在消极情绪又没办法及时宣泄出去，就像气球总是鼓鼓的话，早晚都会爆的。所以，对孩子的情绪家长要及时了解和认识，了解孩子生气的缘故，了解孩子产生某些情绪的原因，教孩子学会控制自己的情绪。

念念从小就学弹钢琴。她平时练习的时候，可以得心应手，但是一旦正式表演，念念总是不能正常发挥，总是很紧张。念念的妈妈之前总是不停地责骂她："你怎么这么笨，你干吗那么紧张？又不是真的不会弹！"每次下台后，念念总是会痛哭流涕。

上周，念念又有一次演出。临上台前，她又开始紧张，然后说自己不能上台了。念念的妈妈想："一直这样很不好，我要换个方式来让她成功。"于是妈妈改变了以前的方法，而是用一种感同身受的方式说："在台上演奏有很多人看着你，他们都想看你出丑、看你失败。这是不是让你想起来就觉得特紧张？”念念立刻接道：“是的妈妈，这就是我怕的。”妈妈笑着说：“孩子，他们都是来欣赏你的表演的，你一点儿都不用担心，只要放松就可以啦。”听完妈妈的这番话，念念觉得没那么紧张了。冷静下来之后，念念调整好自己的心态，上台进行了出色的演奏。这次演奏，完全发挥出了她的正常水平。下了台，念念兴奋地说：“我做到了！我发挥出我的正常水平了！”妈妈也很兴奋，表扬了念念。

孩子在碰到一些重大事件时往往会感觉紧张、失落。假如孩子一直处在消极的情绪中，只会让孩子心中有所抵触，不利于孩子心理的健康发育。很多家长都在孩子心情不好的时候，一直唠叨不停，但是这些并不是孩子真正需要的。上面的案例就非常值得我们深思。

每个孩子都有自己的真实情感，即使是一件无关痛痒的事情，也经常会让孩子的情绪波动很大。父母应该让孩子自由地表达自己的情绪，要看到孩子背后的一些捉摸不到的事情，让孩子信任家长，能够自如地控制自己的情绪。

1. 接纳孩子的情绪

孩子的情绪该怎么接纳呢？那就是无论孩子是暴怒、气愤，还是高兴、兴奋，家长都应该对此表示关注、尊重和理解。要理解孩子并帮助孩子控制情绪，父母首先就要接纳孩子的情绪，而且孩子也只有被我们认可，才会感觉快乐，才会有良好的行为。

要是孩子的不良情绪被接受了，孩子会感觉被鼓励。当孩子的感情得到认同时，内心也会慢慢平静，理所当然地也会容易对接纳他情绪的家长产生好感和信任，这样孩子便会和家长说心里话。

2. 帮助孩子转换情绪

当孩子心情苦闷的时候，父母应当帮孩子调节情绪，改变心情。比如，当孩子遇到不顺心的事，家长应该指引孩子去做自己喜欢做的事情，让他们不去想不开心的事情，比如有的孩子为成绩差而闷闷不乐，家长可以带孩子一起出去玩一下，或者是去吃顿大餐，帮助孩子摆脱这种情绪。

3. 给孩子一个特殊的渠道做事情

谁都不可能一直开心快乐。当人产生悲观情绪后，最大的错误就是把悲观情绪埋进心底。因为情绪宣泄可以起到维护心态平衡的作用，当我们心情不好的时候，可以通过各种方式来表达自己的情绪，这就会让我们在一定程度上减少悲观情绪。在家中，当孩子产生悲观情绪时，家长便要尝试着接受孩子的脾气，甚至要教给孩子一些宣泄情绪的方法。因为对于孩子来说，他们只是想用眼泪让自己不那么难受，在很多情形下，哭能使孩子由紧张变得轻松，家长不应过多地干预；有一些男孩子在情绪低落时就喜欢进行一些比较激烈的运动，比如打羽毛球、踢足球等，父母要给孩子这样的一个环境；一些女孩子喜欢通过吃零食来排解自己的悲观情绪，父母要适当满足孩子的愿望……只要这些宣泄在合理的范围内，孩子便应该被理解。

4. 教会孩子控制情绪

父母要懂得掌控孩子的情绪。孩子的情绪容易改变，难于掌控，家长应该见机行事。对年龄较大的孩子，要去培养他们控制自己情绪的能力，告诉孩子控制情绪的方法，比如，要发脾气前先做几个深呼吸，就算是发脾气，也不能伤害其他人；在孩子还年少的时候，家长要多训练他们掌控和合理发泄情绪，这样便会让他们在一种和谐的环境中成长。

真正读懂孩子才能帮到孩子

当孩子面临人生的一些抉择，假如只是让孩子听从父母的意愿，把大人的想法附加在孩子身上，那么孩子就会觉得自己压力很大。

孩子在碰到一些重大事件时往往会感觉紧张、失落。父母应该让孩子自由地表达自己的情绪，要看到孩子背后的一些捉摸不到的事情，让孩子信任家长，能够自如地控制自己的情绪。

高情商家教思维

1. 身为父母，你对于自己的孩子真的了解吗？你的了解全面吗？你是用什么样的方式来证明你是懂他的？

2. 读懂孩子的内心并不是一件容易的事情。回想一下，你和孩子之间都有过哪些对抗？这些对抗真的都是孩子的问题吗？

3. 孩子不良情绪的表现都有哪些？比如大声吼叫、摔东西等。这时候你会不会感到惊慌失措？你又是如何应对的？

4. 站在孩子的角度考虑问题是要求家长放下身段来思考，你觉得你在这方面都做了哪些事情？孩子对此的反应是什么？

第二章

做智慧型的父母，教育好孩子

与孩子讨论比训话更重要

家长总是认为自己知道孩子的想法，了解他们的感受。不过，每个人的想法和观点都是不一样的，家长也会犯主观性的错误。孩子终究是孩子，不管表现得多成熟，还是不能跟大人相比，我们不能用自己的想法来代替孩子的感受。与其想让孩子在父母的教训下养成好习惯，不如和孩子一起想怎么去做，跟孩子一起讨论问题，而不是直接对孩子说你要做什么。跟孩子讨论问题，可以让孩子提出自己的想法，然后再对孩子的想法提出一些意见，这样可以让孩子感受到尊重。

楚楚常忘记拿上课用的东西丢三落四的。假如父母一直是不变的教导和训斥，告诉孩子："你一定要清楚第二天上课要带什么。你这个丢三落四的坏毛病，怎么才能改过来？"楚楚就会说："够了，总是说这些事情，闹心。"本来孩子是怀着愧疚的心情，不过在父母的斥责下却变成了埋怨。家长若是这样说："楚楚，老师说你总是丢三落四的，是不是今天又忘了？"看到女儿默认了，妈妈接着问，“为什么总是记不住呢？是你从来没有放在心上，还是时间太久了？”这就是一种跟之前完全不同的交流方式，是对孩子的一种尊重。

当孩子跟我们观点不一致时，我们应该好好和孩子沟通，看他们到底是怎么想的。假如孩子心中有新的想法和感受，父母却不及时与孩子沟通，孩子心中一旦有了不满，这种情绪发展下去，说不定会做出不正确的事情，这样的情况便会在不断地强化下变得难以改正。当家长与孩子交流时，要给孩子足够的理解，不要说具有伤害性的语言，否则会让交流变得困难，让孩子心存戒心，不愿意再跟你真心交谈。

当与孩子讨论时，家长要做好一切准备去接受自己所能承受的和不能承受的，父母要有足够的承受力，如果父母不认同孩子的一些想法，也可以把自己的立场表现出来，不要总是否定并且改变思想准则，应当尊重孩子的自我思考，让孩子有足够的时间来吸收父母的想法。父母在表明想法之后，可以这样说：“这只是我自己的想法而已，你也可以按照你的想法去做。不要那么着急做决定，仔细思考一下，并想想这样做的好坏。”这些话不是对孩子限制，而是可以让自己与孩子和睦相处。

每个孩子都有自己处理事情的方法，然后按照这种方法去处理问题。要想让孩子放弃自己的想法，如果父母直接进行否定，只会让孩子产生抵触心理。如果孩子不知道自己做错事了，父母也不要一直跟孩子强调，那只会让孩子更觉得自己的想法是没错的，不愿意听话，从而会变得更加难以管教。

其实我们通过探讨可以解决很多疑惑，也可以跟孩子协商，征求孩子的意见。如果你想纠正孩子明显的错误思想，而简单的方法达不到你想要的效果，只是因为你没有给孩子足够的时间思考，心中只是想让他接受你自己的想法而已，但是孩子不会真的这么明白地告诉你，而且还可能什么都不说。如果孩子感觉有不对的地方，他就不想再进行讨论了，因为孩子心中觉得你不赞同他的观点。这个时候，你不妨先放下讨论的问题，过些日子再说。要牢记，一定不要强制性地对待孩子。

要想让孩子乖乖听话，不能采用强制手段。在教导孩子的时候，要让他们知道如何解决问题，告诉孩子如果按照你的要求做，按照你的处事方法思考，结果会是如何，把最终的决定权交给孩子。其实跟孩子交流，就是大家一起寻找解决问题的方案。这样能够让孩子充分参与家庭活动，让孩子看出自己的优势并不断努力做到更好。

让孩子参与家庭讨论，让他说出自己的想法，并不表示父母的教导孩子就可以不听。事实上，让孩子参与讨论就是为了一同找方法去解决问题。在讨论过程中，家长可以按照自己的情况来显示自己对孩子的影响。相反，如果不能让孩子自由表达自己的思想和意见，或者父母完全拒绝孩子的想法，那么孩子就肯定会按照自己的想法去做，不去在乎父母说的是什么，孩子也就不会听父母的教导了。

智慧型父母不会向孩子说这些话

父母如果总是目中无人，完全否定孩子的能力，只会让孩子没有自信，让孩子跟你的关系变得疏远，让局面变得不可收拾。下面是一些父母不该说的话：

1. 严厉苛责类——“坚决不能这么做！”“我没和你说过这个吗？”

相关专家说，家长要把批评时板着的脸放松，即便是有利于孩子的批评，假如提出的时机不对，也会让孩子的自尊心受到伤害。最好不要当着其他人的面批评孩子，可以在事情结束的时候和孩子说一下如何去解决问题。

2. 冷嘲热讽类——“你不听话啊！”“你笨得像猪似的！”“看你的头发成什么样子了？”

父母就是孩子的一面镜子，能展现出自己存在的价值和不同之处。有时家长明明是跟孩子开玩笑，孩子却会信以为真，会有一种不能安心的感觉，时间越久，这种感觉越难摆脱。

3. 完全否定类——“你真是没出息！”“永远抬着头走路的笨蛋！”

当大人们一再否定孩子们的想法时，他们的心中便会有这样的感觉：自己是不对的。

4. 夸大事实类——“咱们的孩子比其他人都好！”

一旦孩子在父母的赞扬中生活久了，步入社会后很难承受打击。另外，如果听多了父母滥用的赞美，长大后便不再相信别人的赞赏。

5. 威胁恐吓类——“小心点，别自己找打！”

父母不要用这些威胁性的话语，这样做只会让孩子更加不信任父母。

6. 毫不关心类——“别着急！”“等我一会儿！”

家长总会有这样的情形，妈妈来接孩子回家，一整天没看见妈妈的孩子常常会急着告诉妈妈自己才学会的手工活：“看看看！老妈，这是我的杰作。”但是这时的母亲根本不想听孩子细说，只想让孩子尽快回家，这个时候嘴上总是随口说一句“别着急，我们回家再看”。可此时孩子们会认为你在说：“你不值得我花时间在你身上。”

家长要记住：鼓励让人进步，打击让人退步。如果总是说上面那些话，只会让孩子心中有说不出的痛苦，使孩子不敢在父母面前说话，觉得自己不被尊重。有一些不服气的孩子，甚至会离家出走乃至报复社会。

家教就是实实在在的“拼爹”

紫矜经常愁眉不展，闷闷不乐。爸爸看到女儿这样很发愁：女儿一点儿小事都往心里去，以后怎么承担更多、更大的事情呢？对此爸爸经常开导女儿要学会放下、宽容，不要什么事都斤斤计较。

一次邻居阿姨带孩子来家里玩，孩子不小心把紫矜的玩具弄坏了。阿姨很过意不去，说有空到街上再买一个补给紫矜。爸爸这时提醒女儿：“不要让阿姨买了，你的玩具还多着哪。”紫矜不情愿地点点头。没想到阿姨晚上送给紫矜一个漂亮的头花，紫矜很喜欢，也觉得有点惭愧，从那以后再也不那么小气了。

生活在这个社会上，孩子难免会遇到有人对自己犯下一些错误，怎么样对待这些人和错误呢？爸爸要让孩子明白：明智的做法就是宽容，原谅别人，宽恕别人的过错，学会理解他人。别人是无意犯的错，自己没有必要紧揪着不放。孩子学会在对别人宽容的同时，也释放自己的不良情绪。

宽容是一种气度，拥有宽容气度的人，心胸非常开阔，懂得替别人着想，因此能获得良好的人际关系。如果不能宽容别人，就会使误解和积怨越来越深，从而影响与人相处时的心态。

人非圣贤，孰能无过。自己会犯错误，如果别人不能宽容自己，自己的处境也不好过。所以要学会从别人的立场考虑，当别人犯错误时，自己应该怎样做。这样自己就会以己度人，用宽容的心态对待他人了。

宽容的心态不是天生就有的，而是在生活中从别人身上学到并且逐渐拥有的。孩子尝到了宽容给自己带来的好处，就会放开自己的心态，去理解别人、宽恕别人，让自己成为一个宽宏大量的“宰相”。

爸爸在孩子成长的过程中要注重对孩子宽容心态的培养，让孩子走出自我、自私的狭隘世界，用一颗宽容的心面对和接受自然、社会和他人给予自己的一切，感谢自然、社会、他人给予自己美好的东西，宽容他们带给自己的一些负面的东西。

1. 做一个宽容的爸爸

爸爸的形象在孩子心目中是高大、完美的，爸爸的一言一行直接影响到孩子的成长。爸爸在家时不要经常抱怨这个同事那个领导，不要辱骂、中伤别人，给孩子留下心胸狭窄、事事必究的不良印象。

爸爸做事要宽容大度、不斤斤计较，要邻里和睦，同事之间融洽相处，朋友之间相互体谅。在这样一个宽容、光明磊落的好爸爸的影响下，孩子自然也能学会宽容大度。

2. 让孩子懂得宽恕别人的错误

宽容最大的特点就是原谅别人对自己犯下的错，只有做到这一点才是真正具备了宽容的心态。当然，这需要一个长期的修炼过程，不是一朝一夕就能做到的。

熠熠和一个朋友约好周末去爬山，他一大早就起来到约定的地点等朋友，可超过约定时间1小时了，那个朋友还没来。熠熠非常生气，埋怨朋友不守信用，然后自己回家了，没有去爬山。

回到家，爸爸看到熠熠气呼呼的模样，问他怎么了，他说朋友失约了。爸爸说："也许朋友突然有事没来得及通知你，等见到他问问不就清楚了？不要让自己一整天都在生气中度过。"熠熠到学校后问了同学才知道，原来同学的妈妈病了，这位同学一晚上都在医院陪妈妈，不方便及时通知，所以不能赴约并请他原谅。

当别人有错误时，不要一味责怪别人，要先把事情弄清楚，即使别人有错，也要懂得原谅。

3. 让孩子学会替别人着想

让孩子学会替别人着想，就是让孩子学会换位思考。站在对方的角度看问题，很多时候就会对他人的言行释然了。

韩凌是刚从别的学校转来的新同学，学习成绩很好，可就是不怎么爱和人说话，总是一副冰冷的面孔。云娜想放学后向他讨教几个数学问题，他却说自己没时间，放学必须马上回家。云娜认为他很自私，是不想教自己的借口罢了，所以很讨厌他。

一次云娜从老师那里得知，原来韩凌的爸爸和妈妈离婚了，他跟着妈妈过，妈妈有病，他不得不每天放学就回家照顾妈妈。云娜发现自己误解韩凌了。

爸爸要教会孩子多替别人着想，遇事不要总是想当然，很多事情只要从别人的角度去看问题，是很容易能够理解的。

4. 让孩子和他人友好相处

让孩子和他人友好相处，不要把自己封闭在狭小的圈子里，让自己走出去，去接纳各式各样的人，孩子的视野就会被打开，心胸就会变宽广。

要想和别人友好相处，首先要学会宽容，如果没有一颗宽容的心，是很难交到朋友的。朋友多了会相互开导，纯真的友谊会让孩子学会宽容。

5. 教会孩子常说“没关系”

要让孩子知道，当别人做错了事对自己说“对不起”，这是别人认识到了自己的错误并且请求原谅的表现。这时要大度地说声“没关系”，表示自己不再介意。

爸爸要教会孩子凡是别人说“对不起”时，都要诚恳地对别人回敬一句“没关系”，这不仅能维持孩子良好的人际关系，久而久之，还会形成孩子宽容的心态。

爸爸与妈妈要统一意见

在教育孩子的时候，由于爸爸妈妈的观点有所不同，常常会引发分歧，而这一点是家庭教育中最易犯的错误。因为教育孩子无“法”可依，具有很强的随意性。这种无原则、无规矩的方法与父母的性情喜怒有着很大的关联，因此，常让孩子摸不着头脑，不知道自己的一些做法到底对不对。比如说，孩子做了同一件事，在爸爸这里受到表扬，到妈妈那里不知怎么却变成了处罚或是不闻不问。爸爸认为孩子要这样做，妈妈却认为孩子要那样管，最后孩子非但没有管成，两个人倒先吵了起来。爸爸与孩子的沟通固然重要，可是爸爸理应先与妈妈沟通好，达成一致，否则便只会越管越乱了。

小林的爸爸妈妈又吵架了。小林很有表演天分，妈妈总想把孩子培养成大明星，带着孩子学这学那，有时候一出门就是一个多月。小林呢，也很争气，家里的奖杯堆积如山。可是爸爸却希望女儿不要浮于表面，学好知识才是关键，所以家里为了孩子的教育路线问题争执不断。爸爸让小林这样，妈妈却让小林那样。最终孩子受不了爸爸妈妈的左扯右拉，11岁的孩子居然离家出走了。找了一天多，爸爸妈妈才把孩子找到。孩子却不想回去，大喊着："爸爸妈妈，你们放过我吧，我太累了。"女儿的一句话让爸爸妈妈突然感到自己的做法是多么的愚蠢，而孩子的心又是多么的疲惫。

在生活中，又何止是小林的爸爸妈妈如此。有的家庭，妈妈爱子心切，不忍让孩子受半点委屈。孩子做错了事情，爸爸刚要举起手吓唬他一下，妈妈马上冲过去替孩子解围。久而久之，妈妈成了孩子的"护身符"，而爸爸的这一套成了"做戏"，震慑力锐减。看来，爸爸妈妈对孩子的教育观念不一致还真是一个不得不解决的大难题。不仅是这一方面，爸爸妈妈对待事物看法的不同也会对孩子产生很大的影响。比如说，孩子做了一幅撕画，爸爸大为欣赏地说："真是太棒了，我的儿子真是不得了！"妈妈却说："不得了？什么啊，看这一屋子撕得都是纸，真不知道天天弄这些东西有什么用，有时间不如去练练琴。"爸爸肯定，妈妈却否定，这让孩子何去何从？

有了这种认知之后，爸爸就要与妈妈在某些方面先进行沟通，达成一致后再教育孩子。比如说，把孩子教育成什么样子才算理想？孩子犯错误时，父母持什么态度，要怎样进行合作等，这些都应该是事先做好准备的事情。在教育孩子的过程中，爸爸妈妈存在分歧很正常，可是不能让你的孩子看出来。如没有事先商议，一定要保持表面上的一致，过后两人再私下做好沟通。只要爸爸和妈妈在一条"战线"上，相信孩子一定会从中获益，得以健康成长。

尊重孩子从说话开始

你一定要清楚第二天上课要带什么。你这个丢三落四的坏毛病，怎么才能改过来？
够了，总是说这些事情，闹心。
本来孩子是怀着愧疚的心情，不过在父母的斥责下却变成了埋怨。与其想让孩子在父母的教训下养成好习惯，不如和孩子一起想怎么去做，跟孩子一起讨论问题，而不是直接说你要做什么。

楚楚，妈妈相信你有办法做到不忘带东西。
我会在睡觉前把明天需要的东西装好。
与孩子一起讨论解决问题的办法，让孩子感受到尊重并意识到父母是真心为了自己好，问题才能真正得到解决。

高情商家教思维

1. 当孩子有一些生活上的小毛病时，你是用训斥的方式逼着孩子改正，还是讨论并与孩子交换意见最终达成一致？列举实例。

2. 请根据“智慧型父母不会向孩子说这些话”小节对照检查一下自己，如有相似之处，请列举出改进的意见。

3. 作为一名家长，你觉得自己的孩子真心喜欢你吗？列举一些孩子的表现。

4. 你们夫妻双方在教育孩子的问题上意见统一吗？

第三章

和孩子一起学习成长才是最好的养育

父母的成长是教育孩子的最好方法

我们经常听到很多父母抱怨："真是没法儿教孩子！道理说了一箩筐，什么好话坏话都说了，骂过了也打过了，可是孩子就是不听，我实在是没办法呀！"其实，对于教育孩子而言，特别是年龄较小的孩子，身教往往比言传更有效。

著名教育家马卡连柯说："不要以为只有同儿童谈话，或教导儿童、吩咐儿童的时候，才是在教育儿童。在家长生活的每一瞬间，甚至当你们不在家的时候，都是在教育着儿童。你们怎样穿衣服，怎样跟别人谈话，怎样谈论其他人，怎样表示欢欣和不快，怎样对待朋友和仇敌，怎样笑，怎样读报，所有这些对孩子都有很大的意义。"

可见，身教虽然是无声的教育，却对孩子有着异常重要的意义。而在现实生活中，有些父母是具有两面性的。也就是说，在家里，他们时刻注意自己的言谈举止，不断反省自身，极力表现出正面的形象；而只要一出家门，就表现得很随意，忘记了自己是孩子学习的榜样，往往表现得不尽如人意。以下是很多父母经常犯的错误：

不注意公共卫生，经常随意扔烟头和垃圾，随地吐痰；

在公交车上不给老人或孕妇让座；

在公众场合公然插队；

……

1. 教育孩子的最好办法就是教育自身

良好的品质是一个人成功的前提。即使一个人的事业再辉煌、再有钱，如果没有良好的品质也不能算是真正的成功。而一个孩子的品质是否良好，其家庭因素起着关键作用。

家庭是孩子的第一所学校，父母是孩子的第一任老师。因为孩子从胎儿开始，爸爸妈妈就开始与他对话了。孩子自身所具有的品质，往往受爸爸的影响多一些，通常孩子最崇拜的是爸爸。

对此爸爸要记住：教育孩子最好的办法就是教育自身。只有懂得在家庭和生活中不断规范和反思自己的行为举止，才称得上是好爸爸。这样，你就会在无形中把良好的品质传递给孩子，使这些品质成为他一生受用的财富。

2. 爸爸要严于律己

如果爸爸的自律能力不强，抗拒不了社会上形形色色的诱惑，放任自己的行为，是不能培养出优秀的孩子的。

一位爸爸带着孩子去逛街。在路边，爸爸捡到一部手机。

孩子说："爸爸，手机应该交给警察叔叔。"爸爸却顺口说道："交给警察干什么？还不如揣在口袋里，留着自己用呢！"

这位爸爸的行为已经被孩子看在眼里，印入他幼小的心灵。将来，如果孩子某一天也捡到东西，就可能像爸爸一样据为己有。因为爸爸已经把这种行为示范给他：捡来的东西就是自己的，自己可以随意支配这些东西。如此下去，不利于塑造孩子正确的价值观。所以，爸爸要坚定意志，不论是在家庭中，还是在社会中，都要行为端正，以身作则。

3. 爸爸需要拥有乐观豁达的心态

乐观豁达的心态是一种品质，是一个人胸襟宽广的表现。一个人如果具有了乐观积极的心态，就能对任何事都充满自信，坦然面对现实，直面挫折与逆境。而且，爸爸要把这种品质传递给孩子，让孩子耳濡目染，这会使孩子一生受益。当然，要做到这一点并不是很容易，这需要爸爸不断磨炼自己、反思自己，注意自己的言行对孩子的影响。

10岁的小明跟爸爸去购物。公交车上，一个年轻小伙子不小心踩到了小明爸爸的脚。小伙子马上说："先生，对不起。是我太着急了，您别见怪。"

小明的爸爸却生气地说："对不起就行啦？你知道我这双皮鞋值多少钱吗？我上星期刚买的。"

小伙子问："那您想怎么办呢？"

小明的爸爸说：“我也不要你赔，你给我擦干净就行！”

在这个案例中，爸爸在小明心中的形象会是什么样的呢？答案不言而喻。试想一下，当这位爸爸教孩子要有乐观豁达的心态、对待别人要宽容时，小明会听吗？肯定不会！原因很简单，爸爸没有做到。而如果这位爸爸当时说“没关系”，效果肯定会截然不同。

带着孩子更好地融入世界

小强今年刚上小学一年级，是父母的心肝宝贝，父母对他极其宠爱。但是，小强上了学之后却变得不爱说话，并且也没以前那么喜欢吃东西了。从前那个活泼外向、爱玩闹的小强就像是变了个人一样，而且还经常生气，有时早上醒来就一直吵着不想去学校。母亲很忧虑，便去问老师发生了什么。老师也不知道为什么，说小强给人的感觉就是内向型的，平时也不喜欢说话，也不大爱和其他同学一起玩儿，有些孤僻，一天到晚都低着头，没有精神，上课的时候注意力不集中，也不回答老师提的问题。母亲便问小强为什么在学校很孤僻，小强说他怕老师同学笑话他。

孩子的这种情况其实是正常的，孩子从幼儿园升入小学会很难适应。

当孩子进入一个新环境，还不是很熟悉周围的一切，老师上课也比较严厉了，讲课方法也跟之前有很大的不同。因为不知道自己要做什么，所以成绩一直跟不上大家的进度。因为听课状态不是很好，所以老师常常批评他，有时还被罚站或者叫家长，所以孩子的内心觉得很自卑。又因为身边没有什么可以陪伴自己的人，因此一切看起来都很陌生。下课了又没人跟他玩，所以他总是觉得很孤单。这些都是典型的不适应环境的表现。

上小学时，孩子就开始有意识地进行社会交往，朋友之间有没有共同话题是他们关注的，同时他们也关注自己在同伴中的威信和地位，更重视别人对自己的看法。一旦转入一所新学校，一般不会很快地融入新集体，觉得新集体不能容纳他，便会觉得自己被抛弃了，开始变得不开心起来。

当人们处在不好的情绪中，在这个时候自己不知道怎么做，肯定会有一些外在表现，如逃避现实、不敢面对现状等。孩子出现这样的情形很不好，家长和老师必须对此引起重视。所以，如果出现这种情况，老师与家长应该站在同一战线上，共同解决问题。

一般来说，学生在学校出现不适应现象的主要原因有以下几点。

1. 情感上对父母过分依赖

现在很多家庭都只有一个孩子，孩子在家中做惯了“小皇帝”，他们对父母有很强的依赖心。因此一旦离开父母，面对跟之前不同的环境，心中当然会有不自在的感觉，想在老师那儿寻求依赖感，但是老师不会跟家长一样，因为老师的照顾范围是整个班级。因此，他们就会产生逃避感，想再回到过去，还想爸爸妈妈可以保护他们，久而久之，就会厌学。

2. 心理承受力较低

很多小孩子在家里的时候，所有事情都按自己的想法处理，听不进去批评，不能承受任何压力。但是在学校的时候却并非如此，老师对学生进行批评或者表扬是经常的事。要是孩子自己没有那么大的承受力，一旦被老师批评，就没有勇气去面对，经常会产生逃避行为。就像之前说的小强那样，在家与在学校的表现截然不同的原因很可能是在家中一直听表扬，来到学校有时被批评，因此就会不开心。他想要避免这种感觉产生，因此上课就不积极主动。

3. 对学校人际关系的不适应

当孩子开始上小学时，同学之间的关系更加复杂了。很多人在小时候并不喜欢和别人交流，因此同学关系不是很好，再加上老师也不是十分关注，因此要适应很有难度。

那么家长该怎么帮助孩子适应环境呢？孩子如果不喜欢自己的校园，家长也不要太心急，而是要一边了解孩子的具体情况，一边积极采取有效措施跟学校配合，总体来说有以下几点：

(1) 培养交往技能

作为孩子的爸爸妈妈，要让孩子的社交能力有所改善，更容易跟朋友交往。孩子一旦有了朋友，就能进行情感交流，这也可以让他自己有能力解决问题。千万不要小看这种情感交流，这种情感交流不仅能让生活更具有趣味性，而且会让孩子为自己增加感情，获得这种情感经历也会对以后的情感发展有益处。

(2) 家长与学校保持沟通

时常有这种情况，平时父母过于忙碌，忘记了和老师交流，并不了解孩子在学校的表现，不能及时了解孩子的各种情况，尤其是刚开学的时候。家长要及时了解孩子在学校是怎么生活和学习的，要和老师说明孩子在学校和家里的不同之处、性格特点等，一旦发现问题，便可以找到很好的对策。

(3) 关注孩子的情绪

刚上学的孩子心中可能有着不一样的感觉，所以当孩子刚进入新学校时，父母要密切关注孩子的情绪变化，跟孩子进行沟通交流，及时疏导孩子存在的负面情绪，否则会直接影响孩子的生活质量和身心健康。所以在孩子没有足够的自控能力时，父母要了解孩子的一些基本问题。

(4) 建立学习规范

孩子的好奇心很重，家长可以利用这一点对孩子进行一些规范。一些研究表明，在不知道的事物面前，他们的好奇心更强。家长应多与孩子交流沟通，告诉孩子家长的期望。例如刚开学，父母要细心地告诉孩子该怎样学习以及学习的重要性等。

(5) 切合实际的目标

家长应该根据孩子的水平建立自己的期望值。如果对孩子有太高的要求，孩子会面临太大的压力，学习过程中会感到十分紧张，不利于接受新的学习氛围。家长必须要根据孩子的实际情况制订相应的目标。面临新的生活环境，不能总是按照自己的思路去改变孩子，更不能与他人攀比，给孩子不断增加精神压力。

认同心理：培养孩子学习的兴趣

“如果孩子不想去上学怎么办？”“孩子不用心做功课怎么办？”不少家长整天为这些问题担心。其实，每个孩子对新鲜的事物都有好奇心。但随着年龄的增长，有的孩子逐渐开始有了厌学的感觉。

每个孩子都喜欢玩耍，而培养孩子的学习兴趣是家长的重要任务。有的家长抱怨：“孩子每到该去学习的时候便会有很多的事情，经常找借口耽误学习时间。”其实不学习并不是孩子的错误。对一个刚进入小学的孩子来讲，他们尽力用自己的心去探索和追求对于自己来说神秘的事物，而学习并不一定会激起孩子的好奇心。孩子在不愿意学习和交流时，家长应该先反思自己。相关调查研究表明，讨厌学习的孩子，父母也有一定的责任。

1. 容易动怒

当孩子不做功课时，家长便拳打脚踢，总喜欢打骂孩子。孩子表面上服从于家长的权威，但心中十分抗拒。

2. 吝啬表扬

在大多数的家庭中，父母经常会对孩子们进行批评和指责，特别是在孩子成绩不好时。其实，成绩下滑，孩子本身心里就不好受，如果家长不鼓励他们，便会打击孩子的自信心。在培养孩子学习兴趣期间，家长应该多关注孩子的进步，不要总是抓住一件事情不放手，一直在说教和责骂。

3. 不切合实际的要求

很多家长在临近考试的时候，便要求孩子必须考第一名。这些父母应该停下来思考一下，这样的要求现实吗？成绩的好坏取决于多方面，考试考不好，孩子就不再是家长心中的好孩子了吗？考 100 分又能怎样？

4. 不让孩子玩

家长应该懂得劳逸结合，不要让孩子太累。一些家长不让孩子休息，孩子刚打开电视，就会问："写完作业了吗？怎么又去看电视？"

5. 作业负担重

大部分家长还会自行给孩子留很多作业，这也在无形中增加了孩子的心理负担。

此外，家庭出现裂痕也会对孩子的学习兴趣产生影响。这样的事情就需要我们换个角度去分析和理解了。

家长要知道，当孩子开心的时候会觉得学习很有乐趣，学习更有动力，所以家长就应该：

1. 不要操之过急

家长应该对孩子的学习能力有所了解，然后与孩子共同制订一个学习目标，一定不要给孩子施加过大的压力。

2. 要保持自己愉快的心情

家长的情绪会直接影响到孩子的情绪，所以，帮孩子学习时，家长不可放松，要有积极向上的情绪，这样的情绪会让孩子认为学习是一件十分愉快的事情。

3. 帮助孩子一起解决问题

当家长发现问题超出孩子能力范围的时候，一定要想办法帮孩子解决，不然孩子会害怕。

4. 用游戏性的语言对孩子提出要求

很多家长给孩子提建议的方法不正确，他们觉得孩子只要能明白自己的意思就行了。其实，用游戏性或者音乐的语言跟孩子说话更有用。

一次，朋友来家做客，见主人的孩子玩得正开心。这时，孩子的母亲也很开心，并微笑着唱："乖孩子，你该弹琴了，跟叔叔婶婶再会吧！"随后轻轻地拉了拉孩子。孩子果真愉快地放下了手中的玩具，对客人打招呼后，便跟着母亲来到另一个房间。

这位母亲用音乐的语言唤起了孩子的学习兴趣。相反地，假如这位母亲换个口气对孩子说："该学琴了，快点去！"即使孩子放下手中的玩具，跟着妈妈去练琴，也不会心甘情愿地去。

5. 给孩子恰当的关怀和鼓励

家长应该给孩子一个属于他自己的空间，多多鼓励孩子，培养孩子独立学习的习惯。

晓伟还在上小学，他家房子不大，爸爸在他的床边放了一个小书桌，在桌子的左上角安装了一盏灯。每天晚上全家吃过饭后，各干各的事：爸爸坐在沙发上看报，妈妈在厨房收拾，孩子也会坐在书桌前认真地学习。这时，父母便会过来对他说："我知道你一定会把功课做好的。你长大了，爸爸妈妈对你很放心。"有了父母的关心和支持，孩子便养成了这种自觉的习惯。

6. 帮孩子建立起自信心

对于孩子的优点，父母要及时告诉孩子，一定要让自己的孩子充满信心。有一位成功人士，他上学较早，每一方面都达不到自己的期望，因此很自卑。有一次他和小朋友在家玩游戏，他是玩得最好的那个。他的父亲告诉他："孩子，你真棒！你一定会成为一个了不起的人。你在班里是最小的，我们要共同努力，你一定会追赶上别人的。"从此，他对自己充满信心，发现了自己的优点并开始努力学习，成绩很快就提上去了。

7. 用积极的眼光看待孩子

现在的家长太过看重分数而忽略了对孩子潜力的开发。其实孩子的成绩不重要，经常鼓励孩子、发现孩子的潜能才是最重要的。如果孩子已经尽力了，就算不能取得很好的成绩，家长也要理解孩子，不能过分施压。

培养孩子养成适合自己的学习习惯

一些教育研究发现，优秀学生一定有适合自己的学习方法。在学习过程中，仅仅模仿他人是不够的，要有自己独特的学习方法，才能使自己掌控自己的学习，让自己学习得更扎实。所以，形成自己的学习风格才是提高成绩的关键所在，也能增加自己的人格魅力。

其实，只要我们用心，就一定会找到适合自己孩子的学习方法。孩子上小学时还不能充分挖掘自己的潜能，也就是说，他们不是有规划地学习。此时，重要的是让孩子养成良好的学习习惯，要在常规的方法上再寻找适合自己孩子的方法。习惯是一种顽强的力量，它对人生发展有很重要的作用。所以，我们要从小培养孩子具备良好的学习习惯。

好习惯是要慢慢养成的，这期间家长要担负最大的责任。孩子在做功课的时候都会有依赖性，在生活的其他方面也会有依赖的倾向。

孩子不能独立是因为家长总是不能让孩子独立。因为害怕孩子上课迟到，每天的闹钟总是准时响起，然后妈妈帮孩子穿衣服、系鞋带，甚至还喂孩子吃饭。孩子的所有事情家长都会考虑到，为孩子规划所有行程，让孩子每天不停地学习，完全不管孩子的想法，最后家长们觉得自己付出很多，孩子们却叫苦连天。

其实，孩子都是有自己的思想的，他也需要按照自己的想法行事。孩子一般从小学三年级就开始有这种思想了，四年级时孩子的思想已经趋于独立；虽然肯定还显得有些幼稚，而且还在按照父母为他设置的道路发展，但是这并不是孩子喜欢的模式，有的时候孩子会按照自己的意愿行事。所以，觉得孩子不能独立便处处都予以保护，即使孩子能做的事情也不让孩子自己做，只能让孩子变得更加依赖，不能让孩子的能力得到很好的培养，反而让孩子更加不能独立起来，导致孩子无法适应群体生活。

要想让孩子学会独立，需要投入一定的精力慢慢培养。就像对待刚刚断奶的婴儿，先让他吃稀饭，然后再吃干饭，最后再让他自己拿着筷子吃饭。孩子自己能做的事情，应该让他独立完成，不要因为担心就代替孩子做事。在孩子独立长大的过程中，随着各个阶段发展特点的不同，适当地帮助他们，然后就要减少对孩子的帮助。

1. 培养习惯，警惕非人格化

要想养成好习惯是需要技巧的，但想要从根本上养成好习惯，不能单靠技巧。例如，有人说服务者露出 6 颗牙齿是最好的微笑服务。大家可以对着镜子看一下，这样做的确是漂亮的。应当说每一种要求的提出都是有依据的，不过，只要有点经验的人都知道，有时候这样的笑其实并不是发自内心的喜悦，也有可能是假笑、冷笑、傻笑等，这难道是人们所需要的吗？

因此，习惯的培养不仅仅是单纯的技能化。具体来说，当培养孩子的习惯时，应该以人文作为核心目标，还要注意培养自己的观念与情感，对每一个好习惯都要做到先了解，然后再实行。因此培养孩子的学习习惯时，一定要有一颗真心，要全神贯注地投入，找到真正适合孩子的习惯。

2. 尊重规律，讲究方法

美国曾进行过相关研究，发现习惯的养成需要 21 天。中国相关研究人员周士渊先生认为，这 21 天只是一个平均值，人与人的认真习惯不一样，付出的刻苦程度不同，因此所用的时间肯定也不同。21 天是一个平均值，如果用 1 个月来记录会更保险，所以“培养习惯是 1 个月的事，但关键是前 3 天”。同时，周先生总结了 6 条要点，即：

（1）真正懂得重要性；

（2）找到实施的可行性：

（3）统筹安排，然后慢慢做好；

（4）重点是在前 1 个月；

（5）借助别人的力量；

（6）坚持不懈，直到把事情做成功为止。

如果想养成好的学习习惯，除了做到以上几点外，训练是更重要的。正确的行为是由习惯培养出来的，因此要有严格的训练，还要反复训练。如每天晚上睡觉前都背些单词，一旦发现记忆效果比较好时，就一定要坚持这么做。不过内容可以随意变化，例如可以背英语文章或者句子等。不过不管记什么，只要在这个阶段坚持下去，并不断进行强化，就一定能培养出好习惯。

3. 家长引导

要形成一个好的习惯，过程是很困难的，很多孩子都是因为没有自制力导致半途而废。此时家长便要帮忙，下面是一些必须要遵守的原则：

第一，沟通。父母对孩子的需要是十分了解的，要让孩子知道每个人都有他应该做和想做的事，父母也有自己的事情需要去做，这就跟孩子有必须要做的作业一样。

第二，制定规则。每个习惯都是需要时间来实现的，如果孩子依赖惯了，不可能在瞬间便成为一个独立的孩子，所以，要慢慢来，不要一下子就放手。父母与孩子谈话后，就可以应用讨论的方式，制定一些规则，然后父母和孩子都要遵守。

第三，一定要坚持自己的原则。双方达成约定后，父母一定要按规定执行，不能半途而废。

第四，奖励原则。除了实现自己给孩子的承诺外，父母每天都要感觉到孩子在努力进步，然后还要恰当地对孩子进行赞扬。

引导孩子掌握读书方法

有人做过统计，发现正常人90%以上的信息来源于阅读。在信息量飞速增长的今天，阅读能力的高低已成为个人能否成才的重要条件之一。乐于阅读、善于阅读正是成功者的重要品质之一。

从表面上看，阅读就是用眼睛看。可实际上，阅读是一个处理信息的复杂心理过程，有效的阅读要求不仅用眼睛看，而且用心“看”、用嘴“看”、用手“看”。

在阅读中，令父母伤脑筋的问题之一就是孩子常常走神分心，不能坚持阅读。出现这种情况并不完全是孩子不听话、故意捣蛋，而是与其神经系统发育有直接关系。由于孩子神经系统不够成熟，他们对于自己行为的调控能力有待发展，这时候要求他们像初高中生那样保持阅读目标、一以贯之地读下去，就有些勉为其难了。

不过，改善孩子的阅读情况，减少甚至避免分心，也并非不能办到。要做到这一点，可以运用“三到”原理，以孩子的“口到”带“眼到”“心到”。也就是说，在训练孩子的阅读能力时，要遵循从出声地读到无声地读这样一个不断内化的阅读能力发展规律，用朗读克服“眼睛串行”“精神涣散”的情况。

朗读促使孩子对自己读的过程不断进行反馈并积极思考，因此“口到”在孩子开始阅读训练时极为重要。但是，朗读往往阅读速度较慢，而且在一些场合下并不适宜，所以又要注意引导孩子及时转化到无声阅读阶段，此时边看边思考尤为重要。在读的过程中，适时地提问，或事先确立阅读要解决的问题，让孩子“眼到”“心到”，从而保证无声阅读的效率。

“口到”“眼到”“心到”，基本上解决了孩子阅读过程中注意力不集中的问题。此外，要取得良好的阅读效果还离不开“手到”：涂画、记录要点。记下疑问、感想，使阅读更为积极，而且能加深理解和记忆。

1. 先扶后放

孩子阅读能力的发展经历从低到高的过程，需要父母教给他们基本的阅读方法，帮助他们培养良好阅读习惯，引导他们进入阅读的“大门”。训练阅读能力的目标最终是使其成为独立的高效率读者，但这并不能一蹴而就。在训练开始之际，父母应当通过示范、提醒、启发等方式“扶”孩子一把；随着孩子对基本方法的掌握及阅读水平的提高，父母则应该减少对孩子的帮助与干预，慢慢地放手。

2. 先易后难

根据孩子的实际水平，选择恰当材料，由易到难是极重要的。

一般而言，阅读材料中的生字词不超过字词总数的5%。在体裁上，学龄前的孩子以童话故事、短小诗词为主，小学生阅读材料应以记叙文为主，简单的说明文、议论文为辅，意义明了、朗朗上口的短诗、儿童诗也可以。在文体上，童话、传奇、民间小故事也是小学生喜欢的。另外，也可以让孩子看报纸上的短新闻。

3. 先读单篇短章，后读整本书

有时父母抱怨孩子读书没有常性，一本书读了个开头就搁下。其实，让孩子硬着头皮攻读“大部头”原本就是不恰当的。“大部头”书中信息量大，其中关系错综复杂，要求读者有较好的记忆力、连贯能力，否则读到后头忘了前头，始终一团乱麻。而孩子抽象思维能力刚刚发展，即便坚持读完“大部头”，也免不了糊里糊涂，不知所云。所以，应让孩子读单篇短章，再视具体情况指导孩子读简本巨著或“大部头”中的某些章节。

4. 先精读后略读

精读侧重于阅读理解、领悟与分析；略读侧重于快速地捕捉某些信息。精读与略读都是孩子最终应当掌握的阅读方法。不过，由于孩子阅读能力有待发展，而且其任务侧重于获得坚实基础，所以精读的训练在先。精读训练基本过关，才可以进行略读训练。

5. 多多益善

“韩信点兵，多多益善。”孩子阅读能力的提高确实需要在大量的阅读实践中完成。相当一部分父母倾向于孩子读好课本、读好老师发的阅读材料就行了，反对孩子读小说、杂志等“闲书”，认为这是不务正业。殊不知，许多“闲书”并不“闲”，而是开阔孩子视野、锻炼孩子思维、提高孩子阅读能力的很好的“课本”。

让孩子阅读他们喜欢的书

不管是父母引导孩子独立阅读，还是陪着孩子进行阅读，前提必须是：孩子阅读的书是他们自己感兴趣的。父母是不能以自己的标准和爱好强迫孩子阅读他们自己不喜欢甚至厌倦的书的，不然不仅不能让孩子体会到阅读的好处，甚至很可能让孩子对阅读“敬而远之”，产生逆反心理。

有些父母肯定又要说了，孩子自己不会选书，难道父母不能给他们做决定吗？

父母可以引导，但刚开始阅读，必须从孩子感兴趣的书入手，然后才可以慢慢有意识地引导孩子阅读一些对他们有益的书。随着孩子阅读书籍的增多，他们的知识面也会变宽，读书的兴趣自然也就更浓了。

可现实中经常有一些父母，他们不知道孩子喜欢什么书籍，不知道什么书籍对孩子合适，买来的书要么孩子不感兴趣，要么就是太浅或太深，把握不好度。总之，完全没有从孩子的角度出发，没有考虑孩子的兴趣爱好。

父母在为孩子选书时，一定要从孩子的角度来选择，所以父母必须了解孩子的阅读兴趣，了解他们的性格特点，帮助他们选择可能感兴趣的读物，进而帮助他们认识世界，辨明生活中的是非黑白。

有些家长又要说了，我们怎么知道孩子喜欢什么书呢？

其实方法很简单，家长可以通过观察，发现孩子们到底喜欢什么样的读物。例如，在书店里，如果孩子在某一类书柜前驻足很长时间，并且饶有兴致地翻看；孩子不止一次地向家长提及某一类图书；当孩子阅读某一类图书时，能够迅速进入阅读状态，而且阅读的时间比较长。

如果发现上述现象的话，说明孩子比较喜欢这一类图书。

除此之外，还可以根据孩子阅读兴趣的发展阶段来为他们选书，通常孩子的阅读兴趣发展分为 5 个阶段：

1. 第一阶段：图画童话期 (2—4 岁)

对于这个年龄段的孩子，能引起他们兴趣并且能够对他们成长有好处的书籍是一些趣味故事、教养故事、动脑筋故事等。这些故事会用生动的语言、形象的图画告诉孩子们什么不能做、什么能做，什么是对的、什么是错的。所以父母可以为这一年龄段的孩子选择这种童话书籍。

这种童话故事又被称为“摇篮童话”，是幼儿们最容易接受并且感兴趣的读物。这种童话故事的特点就是短小，而且主角大多是动植物和非生物拟人化。

除此之外，画册也是这一时期幼儿很感兴趣的读物。由于幼儿还不识字，他们只能通过看画册上的图画或者结合图片听父母讲故事，图画让他们对所听到的故事有了形象感，所以会更容易接受。

2. 第二阶段：民间故事期 (4—6 岁)

这一时期的孩子最任性，而且最调皮。他们有时会故意通过反抗来撒娇，所以父母首先要先了解这个年龄段孩子的特点，不要压制他们的个性，但却可以通过一些他们喜欢的民间故事，帮助他们分清善恶，使孩子懂得爱憎。这一时期，父母最重要的是采用引导的方式，让孩子明白事理。

为什么这一时期的孩子会喜欢民间故事呢？

首先，因为民间故事通常超越了时间和空间，脱离现实世界，比如大多民间故事以“很久很久以前，有一个……”开头。其次，故事里的主人公或其他人物角色离孩子们比较遥远，会让他们觉得有种神秘感，进而产生一种探索性的兴趣。最后，故事精短，结构完整，有明显的开头和结尾，是非标准明确，这些特点很适合这个年龄段的孩子。

3. 第三阶段：人性寓言期 (6—8 岁)

这个时期，孩子们大多已经去了学校，开始适应集体生活，和陌生人交往。这一切都让孩子们感到迷茫与新奇，迫切想融入这个大环境，但又不敢轻举妄动，处于观察周围事物的敏感阶段。

这时候，他们除了喜爱民间故事外，还会喜爱一些寓言故事。因为这些寓言故事不仅文字简短，而且很多都是对人性、社会现象的一种寓意，富有指导和教育意义，这符合孩子们了解社会人物关系的阅读欲望，比如中国民间寓言、《伊索寓言》等。另外，这个阶段的孩子们对大人物或英雄开始产生崇拜心理，所以一些人物传记、英雄少年类的图书也深受他们欢迎。

4. 第四阶段：生活童话期（8—10 岁）

这个阶段，孩子们开始有了自己的一些认识，开始以自我为中心，变得自我起来。这一时期的孩子，对一些神秘的事物尤其感兴趣，而复杂一些的童话故事正好满足了他们的这种需求。

因为童话通常取材于孩子们经常接触到的现实生活，但却又充满了想象，这让他们开始向往一种不一样的生活。另外，童话对真善美、假丑恶等人性描述得比较深刻，对这个时期的孩子比较有借鉴和参考意义，代表性的作品有《安徒生童话》等。当然，除了童话书籍，孩子们还会喜欢一些科学类的书籍，这可以满足他们开始萌芽的冒险心理的需求。

5. 第五阶段：长篇故事期（10—12 岁）

这个阶段的孩子，他们对大自然和社会环境的要求越来越高，英雄崇拜主义渐渐出现，友情、义气成了他们渴望又追求的东西，再加上冒险精神越来越强烈，英雄故事、神话传说等是这个阶段他们最感兴趣的读物。

这些英雄故事、神话传说故事都有一个特点：主人公令他们佩服得五体投地。读这类书，可以满足他们渴望成为英雄和交到英雄朋友的愿望。

当然，这个年龄段，男孩和女孩的阅读兴趣是不同的：除了上面提及的英雄故事、神话传说，男孩还喜欢读冒险故事、推理故事、体育故事、新发现故事等；而女孩则偏爱阅读一些浪漫爱情故事、温馨友情故事等。这个时期他们阅读的故事，已经可以由短篇升级为长篇了，比如《三国演义》《红楼梦》《格列佛游记》《鲁滨孙漂流记》等。

家长又说了，鼓励孩子读喜欢的书没错，可就怕他们喜欢那些不健康的书籍。其实这也不难解决，因为家长完全可以引导孩子读那种他们喜欢而又健康的书籍。比如在阅读过程中，家长可以和孩子一起探讨人物故事；而对反映人性丑恶的内容，则可以和他们一起进行多角度分析。

举个例子，比如家长与孩子阅读《爱迪生的故事》时，就可以引导孩子来思考：爱迪生为什么会成为一位大发明家呢？爱迪生为什么那么好问？这些好奇都给他带来了什么麻烦？哪些事情说明爱迪生具有实验精神？你还知道爱迪生其他的故事吗？

在孩子回答家长的这些问题时，随着对爱迪生了解的加深，他们对爱迪生的兴趣自然会越来越浓厚。当他们爱上这种类型的图书时，也就慢慢远离那些不健康的书籍了。

又有家长说了，现在孩子上学压力多大呀，哪里有时间让他们看课外书？学校要考试的书他们都还没看完呢。

家长的这种想法是错误的。只要孩子没有看不健康的书，父母就没必要过度干涉和制止。爱看课外书的孩子，考试成绩也未必差；不看课外书的孩子，学习成绩也不一定优秀。但是，前者的知识面却很宽，后劲也大；后者因为知识面越来越窄，学习也就越发吃力。

同时，孩子的优秀与否，也并不能只看成绩。所以家长要把目光放远一点儿，如果能让孩子养成喜欢读书的习惯，是可以让他们受益终身的。而且孩子在进入中学阶段后，他们有了自己的判断标准，学习完全靠自觉。孩子只要想用心，自然会用心学习，如果不想用心学，即使父母不让他们看课外书，他们也未必能好好复习功课。况且写作文的能力和阅读课外书籍的多少是很有关系的。

当然，如果孩子完全沉溺于课外书中，完全忽视了学校的功课，那也是不行的，任何事情都是过犹不及的。所以在孩子看课外书时，家长们要注意以下几点：课外书内容要健康、有益，适合少年儿童阅读；以课堂内容为主，不能主次颠倒；有备而读，读完之后，让孩子说出收获，最好指导孩子做读书笔记；节假日可以多看课外书，期中、期末考试复习期间少看。

榜样的力量

家长要以身作则，为孩子做一个好榜样。

在这个案例中，爸爸在孩子心中的形象会是什么样的呢？答案不言而喻。如果这位爸爸当时说“没关系”，效果肯定会截然不同。

高情商家教思维

1. 你理想中的孩子是什么样子的？你自己的身上具备这些素质吗？

2. 你的孩子是不是很依赖你？都有哪些表现？试着多陪孩子走入世界、融入世界。

3. 为了培养孩子爱学习的兴趣，你都做了哪些工作？效果如何？

4. 书中藏有孩子的未来，你都用哪些方法来引导孩子爱上读书？

5. 让孩子读自己喜欢的书，根据孩子发展的不同时期列出孩子应该读的书籍名单。

第四章

优秀的父母从不对孩子使用语言暴力

学会用道理教育孩子

家庭生活中，很多家长都因为平时工作繁忙，陪孩子的时间很少，所以在与孩子相处过程中懒得和孩子讲道理，而是直接动用家长的权威强迫孩子听自己的话。还有很多父母即使知道应该讲道理说服孩子，也不知怎样才是正确的方式。他们经常把讲道理与说教混淆，孩子只当作是耳旁风，日子长了，家长们认为讲不讲道理也无济于事，索性不再采用这种教育方式，又回到了最初的那种“强权统治”。可是，如果家长只是一味说教而抛弃道理，孩子很可能对家长不服，久而久之，亲子间也就会慢慢出现一些不可弥补的裂痕。

5岁的晴晴在妈妈的带领下去姨妈家串门。姨妈的儿子叫烁烁，只比晴晴大几个月，他们很喜欢一起玩儿。烁烁找出一个遥控的玩具火车，得意地对晴晴说：“这是妈妈送给我的，很棒吧？”晴晴目不转睛地看着小火车在地上呜呜地跑，羡慕不已。晚饭过后，妈妈和姨妈闲聊了几句之后就打算带晴晴回去了。晴晴得知自己要离开了便跑进睡着的哥哥的房间，悄悄地把刚才那辆小火车捧了出来。

妈妈见此情景很不开心地说："你可真是不懂事，怎么随便拿哥哥的玩具呢？还不快还回去！"晴晴听后不但没有照做，反而将小火车抱得更紧了。妈妈看到晴晴这样更加气愤了，于是提高了音量："你敢不听话，是不是想挨打？"眼看着晴晴的眼泪要流出来了，姨妈赶紧拉开了晴晴的妈妈，她蹲下身来，和蔼地对晴晴说："你觉得这个小火车很好玩，对吗？"晴晴点了下头。姨妈继续说："可是烁烁同样喜欢它啊，如果他明天发现小火车不见了该有多难过。"

听到这里晴晴歉疚地低下了头。姨妈又说："如果其他孩子去你家玩儿，偏要带走你喜欢的玩具，你会高兴吗？"晴晴摇了摇头："我不会高兴。我知道错了，我现在就把小火车还给哥哥。"姨妈欣慰地摸了摸晴晴的头说："真是个乖孩子。别人的东西无论多喜欢都不属于你。既然你很喜欢这个遥控小火车，过几天姨妈再买一个送给你好吗？""好。谢谢姨妈。"晴晴的脸上露出了开心的笑容，她抱着小火车送回了烁烁的房间。

用道理说服孩子会取得很好的效果。如果家长对待孩子犯错的态度不是打就是骂，孩子的心灵会受到伤害，还会激发孩子的反抗心理。家长要以耐心的态度跟孩子沟通、让他们明理，让孩子认清哪里做错了，才会明白下次应该避免这样的错误发生。也许很多父母认为孩子还没长大，大人们口中的道理他们很难明白。殊不知孩子的悟性很强，如果父母将道理用通俗的语言讲解，孩子都可以听明白。反之，若是父母疏忽这一过程，一味地说教呵斥，不仅会使自己在孩子心中没有地位，还会对孩子产生不良的影响，说不定孩子以后也会变得蛮不讲理。

用讲道理的方式教育孩子既是尊重孩子的表现，也是与孩子顺畅沟通的重要方式。耐心教导，善解人意，是优秀父母的标志。此外，教育孩子时耐心不可少，要注意孩子的性格特点和内心想法，灵活选用适当的方式，这样才能让教育起到应有的作用。

1. 时机很重要

其实孩子和成人一样，心情好时更容易接受别人的意见，心情不好时情绪就很容易不稳定。所以在和孩子讲道理之前，要了解清楚孩子心情的好坏，要趁孩子情绪平稳时教育他。孩子的情绪不稳定或比较偏激时，说教是收效甚微的。例如孩子比较激动地顶撞父母时，家长不必马上就对孩子进行说教，不妨给孩子时间，让他平复心情，等他静下心来再进行教育，此时大多数孩子很容易意识到自己错在哪里，也就会听从家长的意见了。

2. 态度要端正

有些家长在跟孩子讲道理时，经常以说教的口吻，这也会造成孩子的不服从。强迫孩子接受自己的想法，会在不经意间与孩子为敌。可是，家长如果能在讲道理时多用建议的方法，尽量使用询问或商量的口气说话，完全从孩子的角度出发，孩子感觉不到强制和限制，就会降低防范和敌对心理，将家长的话听进心里去。

3. 不能无理辩三分

对孩子进行教育要有事实根据，不可胡编乱造。如果孩子发现家长的话不真实，就会不再信任父母，父母以后要是还想用讲道理的方式教育孩子，孩子自然不会当回事了。另外，家长一定要以身作则。如果家长要求孩子做的事情自己都做不到，父母在孩子心中就会言而无信，孩子也会放松对自己的要求，对父母的话更会充耳不闻。例如，很多父母在平日里喜欢吃零食，却对孩子讲零食对身体的坏处，这样怎么能让孩子完全信服呢?

4. 试一试迂回的策略

迂回的策略就是把道理婉转地讲述出来，即换一种方式呈现出来。例如五六岁的孩子喜欢有趣的故事，家长便可以以此为契机，投其所好，给孩子讲一些生动有趣又富有深刻寓意的寓言故事，让孩子边听故事边体会其中蕴含的道理。孩子渐渐长大一些后，陪孩子一起看科教片也是不错的选择，可以一边看一边同孩子就相关内容进行交流，让孩子在观看科教片的同时认同家长的道理。

用赏识的眼光看待孩子的调皮

大部分孩子都是调皮淘气的，但在大多数家长的眼里，似乎只有文静、听话、老实才是好孩子的标签。对于调皮好动的孩子，多数家长往往会忽视孩子“淘气”背后那活泼机灵的本性，将注意力放在孩子因为“调皮”而造成的“不良后果”上，对孩子从中表现出来的闪光点视而不见。很多家长对孩子调皮的表现采用消极方式进行教育，这会给孩子的幼小心灵造成很大伤害，甚至容易引发严重后果。

小池今年刚满5岁，非常活泼调皮，总是不听话，爸爸妈妈为此很伤神。过生日时，妈妈送给他一盒水彩笔。从此，小池就爱上了绘画。没事的时候，他就坐在茶几旁的小板凳上心无旁骛地画画。爸爸妈妈总是表扬他画得很好，小池听了更是劲头十足。

有一次，妈妈去厨房准备晚饭，只留下小池独自在客厅。她为小池准备了很多张白纸，对小池说：“妈妈要做晚饭，你自己乖乖画画好吗？”小池懂事地点点头说：“没问题。”看着小池在纸上画下了各种图案，妈妈就放心地离开了。然而当妈妈再回到客厅的时候，眼前的一幕把她惊呆了——小池的画板不再是白纸，而是客厅洁白的墙壁。顺着画迹低头看，白色的真皮沙发上也全都是水彩笔渍。

妈妈愤怒中举起了手要打小池。小池嘴一撅哭了起来，边哭边委屈地说："我觉得墙上没有图案，一点儿都不好看，所以才给它画画的。沙发是不小心蹭脏的。"这时气急败坏的妈妈再也不想听小池的"狡辩"，一把抓过小池的小手打了一下。小池觉得自己被冤枉了，他想不通为什么会挨打。而且，在小池看来，现在的墙面比起以前要好看许多，而爸爸妈妈也常夸自己画得好，那在墙上画怎么就不可以呢？

多数研究表明，"淘气"的小孩儿一般比较好动，求知欲强烈。有句俗话叫"淘丫头出巧，淘小子出好"。多数情况下，人们认为淘气的孩子聪明、想象力丰富、动手能力强。要是教育得好，小时候比较淘气的小孩子长大以后会比那些循规蹈矩的小孩子成就更大，但是现在很多家长不认可淘气的孩子，因为在他们看来，这种孩子不听话，不易管教，令人头疼。可家长们却不知道，在他们迫使孩子听话的同时，孩子的无限创造力和想象力也说不定被抹掉了。

当孩子成长到一定程度时，淘气是一种避免不了的情况。这个时候父母对待孩子淘气的态度不应该是加以限制，不该把他们探索新奇世界的行动判定为是不正确的。家长应当使用恰当的教育方式，以不违背孩子的心理状况为前提，让孩子拥有自控能力。

1. 要时刻注意关心孩子

当家里有客人时，大多数父母都想让孩子离远一点儿，唯恐孩子不听话或惹祸。要知道孩子此时不听话的原因主要是认为自己不被关注，淘气是为了吸引大人的目光。因此家长在会客时，不应该对孩子不闻不问，而应适当地谈论一些孩子可以参与的话题，比如最喜欢看的动画片、在幼儿园的小伙伴等，这会让小孩子产生一种大人们在关注他的感觉，他会很主动地参与交谈，也不会故意制造事端来吸引大人的注意。与此同时，家长也能更了解孩子，有利于家长和孩子之间感情的交流。

2. 让孩子始终保持兴趣

一般孩子都是活泼淘气的，要是很长时间没有什么有趣的事物调动他们的积极性，孩子自然会感到不耐烦。因此，父母要在孩子无事可做的时候安排一些活动，防止孩子用“淘气”来表达自己的不满情绪。例如，如果孩子要等待家长很长时间，父母应在此之前为孩子备好小食品、玩具等，或是教他一些可以一个人玩的小游戏，让孩子有事可做，一直专注于一件事，就不会因为不耐烦而淘气闯祸了。

3. 经常讲一些常识和规则给孩子听

家长要经常教育孩子在别人家做客时要讲礼貌、在车厢里乱跑乱动不安全等社会常识，也可以用奖励的办法来帮助孩子自觉遵守社会规则。但事实上，孩子生来喜欢活动，不应过分抑制，而孩子的自我控制能力会随着年龄的增长越来越强。

语言暴力对孩子危害很大

日常生活中，有些家长在教育孩子时，不经意间会使用一些挖苦的字眼批评孩子，他们也许认为这种教育方式很有效，或认为这是不得不采用的教育手段。然而他们不知道的是，事实上，他们此举会摧残孩子的心灵，是在用语言暴力伤害孩子。有关教育专家认为，家庭教育的普遍现象就是在孩子的心灵上实施语言暴力。很多孩子都体验过这样或那样的语言暴力，导致很多孩子产生焦虑和自卑的负面情绪。

欢欢的妈妈年轻时曾梦想当钢琴家，但是因为各种原因未能实现，于是欢欢出生之后，妈妈就希望欢欢替自己实现梦想。虽然家里经济条件不是很好，可是欢欢的妈妈却不吝啬花钱请家教辅导欢欢。欢欢从5岁开始练钢琴，妈妈时常在欢欢耳边念叨：“妈妈所有的希望都寄托在你身上了，你千万要用心练习。”欢欢非常懂事，现在虽然上小学了，课业也很繁重，但是每天放学回家，她第一件事就是坐在钢琴前练琴。很遗憾，欢欢并没有很好的天赋，进步很不明显。欢欢为此感到很难过，妈妈也因此经常责备她。

这天，欢欢放学后一到家，妈妈先让欢欢演奏一首练习曲。可是，欢欢完全不在状态，弹错了好几个音符。欢欢还没弹完这首曲子，妈妈就发火了："你简直是笨死了，也不知是遗传了谁，这么简单的曲子都弹不好，干脆别学了！太笨了！简直无可救药！"妈妈的话说完，欢欢的眼泪像断了线的珠子一样不停地流着，眼睛肿得像核桃。她很想告诉妈妈："我真的已经很努力了，可就是学不好，我为什么这么笨呢？"可是她心里又很害怕。

这样的状况时常发生。久而久之，欢欢变得内向了，也变得更加自卑了，跟妈妈之间的话也越来越少了。

如果你仔细观察就会发现，每天都会上演这样的悲剧。其实，家长内心都是爱护孩子的，爱得越深，要求也就越高，但是他们并没有意识到对孩子恨铁不成钢的责骂也会成为语言暴力。孩子的心灵十分脆弱敏感，他们无法用客观的眼光看待一些问题，抗挫折能力很差，对家长的语言暴力根本无力招架。大多数情况下，家长无心的一句话，会给孩子的内心深处留下永远不可磨灭的阴影。

话语的杀伤力远远超过肉体上的伤痛。因为肉体上的疼痛是短暂的，而语言刺激的是内心，会持续很长时间，甚至永远不会消失。所以，家长在履行教育义务的时候，既要重视教育方法，又要注意言行的谨慎。无论发生什么，都不应该让孩子遭受语言暴力。因为家长的讥讽、不信任很容易伤害到孩子的自尊心。那么，怎样才能避免语言暴力的发生呢？

1. 不要以天才的标准要求孩子

很多家长都对孩子抱着很高的期望，一旦孩子不能达到自己的预期目标，就会感到非常绝望，导致控制不了自己，讲很多伤孩子的重话，孩子根本承受不了，自尊心和自信心都受到严重打击。事实上，只有少数人是天才，其他都是很普通的孩子，父母应该以平常心看待，失望便会少一点儿，心态也会更平和。

2. 以平等的心态对待孩子

之所以有家长会采用语言暴力的方式对待孩子，源于他们自认为拥有此项“特权”。这种想法是将自己看得高于孩子，孩子们的内心世界因此被忽视。对孩子的不尊重可能导致孩子心理的不健康发展。孩子也许会产生逆反心理，从而走向家长期望的对立面，也可能承受不了过多的压力，开始沉默寡言。因此，当你想要批评孩子的时候，尝试放低姿态，与孩子平等沟通，这样才能真正走进孩子的内心世界。

3. 孩子犯错不能慌，自身情绪控制好

家长往往在生气发怒的时候会说出一些不合时宜的话，甚至说一些很重的气话，让自己追悔莫及。家长每到这个时候需要保持冷静，尝试做一些能让自己冷静下来的事情。慢慢放松下来，你会发现事情还有很多希望和转机，孩子也是有很多优点的。家

长倘若多想想孩子的优点，怒气便会慢慢“熄火”，接下来再和孩子讨论对错，以防偏激的言语脱口而出。其实，孩子也有自己认为对或错的地方，他们心里可能也知道自己做错了，可如果一味地指出他的过错，孩子便会很自然地产生逆反心理。

不过，需要注意的是，不使用语言暴力，不等同于没有底线。孩子的自律意识不强，如果认为大人不会惩罚他的过错，他就会接二连三地犯错。所以，家长必须要有自己的原则，使孩子懂得什么是对、什么是错。我们需要注意方式、方法，想要责骂孩子之前，要三思而行，要考虑好这样去说到底妥不妥当，对孩子会不会造成心灵上的伤害。

教育孩子时不要威胁

日常生活中，我们常能听到父母对孩子说："再不老实，就把你送人""让警察叔叔把你抓走""把你送到医院去打针"等。家长常会对年龄较大的孩子说"下次再考砸，就别再进家门了！""再让我抓到你这样，把你的腿打断！"……据调查，或轻或重恐吓过孩子的父母比例高达90%。这种做法会使孩子产生巨大的精神压力，同时也容易使得孩子变得胆小、懦弱。

小永都5岁了，可是每天都要缠着妈妈讲睡前故事。妈妈出差时，爸爸自然接下了讲故事的任务。一天繁忙的工作之后，爸爸感觉很累，就问小永能不能明天再讲。小永当然不答应，竟然放声大哭。爸爸没有办法，对小永说："那爸爸讲小红帽的故事给你听吧。"小永虽然还没有止住哭，但注意力很快就转移到了爸爸接下来讲的故事中。爸爸用生动活泼的语气讲故事，小永被深深吸引了。她感觉自己就像是小红帽，正在去外婆家的路上。种类繁多的小动物一起住在大森林里，还有五颜六色的花朵。小永的大哭逐渐转变成了接连不断的低泣。这时，刚好讲到外婆和小红帽被大灰狼吃掉。爸爸故意做出很可怕的表情，把脸凑到小永眼前，沉下嗓音说："如果你继续哭，大灰狼就来吃你了哦。"小永吓得小脸惨白。爸爸继续说："不听话的小孩儿最合大灰狼的口味。你要是不听话，它就会把你吃掉。"小永吓得点头如捣蒜，说："我以后会乖乖听话的。"女儿停止了哭泣，爸爸感觉自己用的方法很有效。可想不到的是，在以后的日子里，小永的胆子变得特别小，一旦晚上关了灯，就感觉很害怕，还会吓哭。另外，小永还时常紧张地问父母自己听不听话。这时爸爸才明白，吓唬孩子，后患无穷。

吓唬孩子使得孩子的身心健康受到影响，在低龄孩子身上表现得尤为明显。孩子被吓后，心理会受到很大的刺激，会破坏身体的内部平衡，时间久了，会损害中枢神经的调节能力，使内脏工作没有规律，也很容易诱发消化系统疾病。另外，父母如果经常以"再哭就把你送给要饭的"或"把你送到警察局"对孩子进行恐吓，可能会让孩子因此形成一种条件反射，让孩子对现实生活中的人有恐惧感。如果是年龄大一点儿的孩子，父母的恐吓威胁也会让孩子产生很大的压力。除此之外，当孩子明白父母的威胁恐吓不会成真时，他会觉得自己被骗了，家长在孩子心中树立的威信便不复存在。

威胁恐吓很多时候是个有效的办法，但对孩子心灵的危害相当严重，所以教育孩子要选用恰当科学的方式方法。

1. 不用"不要你了"吓唬孩子

日常生活中，家长会恐吓孩子说"把你卖掉""不要你了"。在孩子眼中，最可怕的莫过于得不到父母的爱或是被父母抛弃，因而孩子便会产生很大的心理负担。孩子可能由此缠人或依赖心过强，不利于孩子独立性的养成。因此，家长无论是开玩笑还是真的生气，都不应该让孩子误以为爸爸妈妈不要自己了，像“你再哭把你送人了”“妈妈不要你了”这种话要少说或是不说。

2. 用恐怖的人或事恐吓孩子不可取

“鬼怪”“老虎”“妖精”等自然界或是神话中凶猛骇人的形象成为很多家长恐吓孩子的“武器”，甚至还有人会用“人贩子”“叫花子”等真实的反面角色来恐吓孩子。孩子的心灵稚嫩而脆弱，很容易没有安全感，大人们一些随口一说的“小玩笑”很有可能在孩子幼小的心里埋下恐惧的种子，给孩子造成心理阴影。因为孩子们认为大人的话很可信，所以大人口中的怪物在他们看来都是真实的，这非常不利于孩子身心的健康成长。

3. 嘴上吓唬不如实际惩罚

单凭恐吓或是威胁的方式来教育孩子，开始也许会有一些效果，但是恐吓的次数多了，孩子就会发现家长不过就是说说而已，逐渐对于家长的教导就会左耳进、右耳出，还是照自己的意愿行事。所以，父母让孩子完成一项任务时，要将要求清楚地告诉孩子，若是孩子完成不了，可以适当施加惩罚。如此一来，孩子便知道父母说话算话，也就不敢把家长的话不放在心上了。当然，惩罚也要根据孩子自身的承受力、心理素质等来适度进行，毕竟最终的目的只是让孩子下次不再犯类似错误。

表扬也是门艺术

有句俗话道，“孩子越夸越成才”。家长经常夸奖孩子，对孩子良好性格的养成是有好处的，也有利于孩子树立自信心。行为心理学告诉我们，表扬是使一些正确的行为维持下去的最佳方法。虽然父母可以用批评的方式去纠正孩子的错误行为，但是效果远不如表扬。事实上，许多父母也了解到了表扬的重要性，可是发现没起到什么效果，原因是家长采用了错误的表扬方法。错误的夸奖不但起不了好作用，有时还会引起消极的作用。

晓杰已经6岁了。有一天，他的舅舅登门拜访，晓杰正在聚精会神地做功课。站在晓杰身边的舅舅夸奖道：“晓杰真棒，连字都会写了。”被舅舅这样表扬，晓杰却不开心了。他一把扔掉笔，告诉舅舅：“写字我早就会了，我们班所有的小朋友都会写字，只有小笨蛋现在才不会写字呢。”舅舅意识到自己说错话了，便笑道：“晓杰怎么会是笨蛋呢？只有聪明的孩子才会认识这么多字。”

听到舅舅这样说，晓杰接着写作业去了，只不过脸色依旧不好看。饭后休息的时间，妈妈和舅舅带晓杰到楼下玩儿。好多小朋友在广场上滑旱冰，晓杰也将旱冰鞋穿上，“武装”好加入了他们的队伍。他快速平稳地溜了两圈后回来，得意地向他们展示自己的技术。舅舅真心地夸奖道：“溜得真是不错。”妈妈继续说：“那当然了，4岁时晓杰就会溜冰了，练了这么久，技术也变得越来越娴熟了。”听到这些表扬后，晓杰十分高兴。妈妈又说道：“你看那边和你技术一样好的小朋友摔倒了，不管技术多好都得小心，安全最重要，不然摔伤去医院就不好玩儿啦。”晓杰乖巧地说：“我明白，妈妈。”他转身继续和别的孩子一起玩去了。舅舅很佩服妈妈，对她说：“你的话对晓杰真管用啊。”妈妈笑着说：“因为我知道他在想什么，所以他也能听进去我的话了。”

不管是小孩子还是大人，对于表扬都是很喜欢的，赏识对于孩子的健康成长尤为重要。但顺耳的话也不是越多越好，不能想到哪里说到哪里。要是父母频繁夸奖孩子，或是用错误的方式夸奖孩子，就会起到相反的效果。错误的表扬，会让孩子过于自负、接受不了打击，有时候还会遭到孩子的反感。

正确的表扬，可以让孩子在表扬声中获得自信，越来越优秀；相反，孩子会对表扬产生依赖，有时甚至会伤害到孩子。因此，“表扬”同样是有学问的。家长只有深谙表扬之道，才能收到良好的效果。

1. 表扬要有实质内容

大多数家长经常用“棒、聪明、能干”这样的词语表扬孩子。

这样的夸奖笼统、空泛，会让孩子不知道自己优秀在哪儿、聪慧在什么地方，孩子容易变得自负，对事物的分析判断能力也有可能受到影响。例如父母看到孩子自己收拾好玩具，就可以趁此机会夸奖他：“你能把玩具收拾好妈妈很高兴，这是个好习惯，以后要一直这么做。”这样表扬具体的做法比笼统的表扬要好得多，孩子会知道父母夸自己的原因，以及自己以后该怎么做。

2. 表扬要从事实出发

一些父母不会表扬孩子，很多时候就只是用一些简单的假话来表扬。例如练字的孩子，字明明写得横七竖八，但妈妈想要鼓励孩子，便夸奖道：“字很漂亮，比妈妈写的强多了。”孩子虽然年龄小，但他的辨别力告诉他这是虚假的表扬。用这样不真诚的方式表扬，孩子不仅不会有自信，还会让孩子不再信任妈妈，对妈妈的表扬产生排斥心理。因此，夸奖一定要在事实的基础上。

3. 不要过分表扬

不要一直不停地表扬孩子。若孩子仅做对了一些小事，父母就给予很大的奖励，容易导致两种后果：一种是孩子被表扬惯了，表扬对他就不会再有什么作用；另一种是孩子被家长无休止地表扬，会变得骄傲自大、目中无人。研究表明，偶尔的、突然的表扬比每次都奖励对孩子更好。那么，怎样才是不过多地表扬孩子呢？其一，同一件事只表扬一次；其二，对孩子很容易办到的事情不经常表扬；其三，表扬的次数不要过于频繁。总之，表扬孩子要恰当。只有做到这些，才能让孩子真正享受到被表扬的乐趣。

保持良好沟通

爱玩是孩子的天性，家长要注意孩子的心理变化和行为。

教育孩子时耐心不可少，还要注意孩子的性格特点和内心想法，灵活选用适当的方式，这样才能让教育起到应有的作用。

家长要以耐心的态度跟孩子沟通，让他们明理，让孩子认清哪里做错了，才会明白下次应该避免这样的错误发生。

高情商家教思维

1. 学会用道理教育孩子是一种非常重要的教育方式，这需要掌握时机、注意态度、根据事实、讲究策略，你觉得你具备了哪些？还有哪些方面需要提升？

2. 孩子调皮不好吗？试着用赏识的目光去看待这一现象，列举一些孩子顽皮的事情。

3. 你知道语言暴力的危害吗？你对孩子都使用过哪些语言暴力？孩子的反应是什么？你将如何改变自己在这方面的表现？

4. 你会表扬孩子吗？试着发现并写一些自己孩子的优点。

第五章

为什么我总是搞不定孩子

孩子为什么不把家长的话当回事

有这样一则寓言：

从前有一个在山上放羊的孩子，他突然大喊道："狼来了！狼来了！"大人们在山下干活，听了都很着急，连忙上山来救他，却发现根本就没有狼，是这个孩子在搞恶作剧。这样反复几次之后，孩子无论怎么喊"狼来了"，也没有人再相信他了。有一天，狼真的来了，这次真正的求救却再也无人相信了。

很多父母抱怨孩子不考虑父母的感受，把父母的话当耳旁风，诸如"和你讲过八百遍了，你也不听"，这样的话语经常在孩子耳边回响，孩子对此会有什么反应呢？"又是这一套！""唉，又开始了，真烦人！""妈，算我求你啦，我下次不这样了还不行吗，你能不说了吗？"以后孩子还是按照自己的想法做，父母的叨唠似乎丝毫没有奏效。这时，爸爸妈妈们怎么不想想自己都是怎么做的呢？

其实，当我们无法忍受孩子恶劣的行为而要用行动去改变他们的时候，我们应该确保自己说的话一定要做到，孩子才会信服。如果家长根本就没有行动，那就千万不要说出来，否则孩子就会对家长所说的话不信任，甚至根本不听父母的话。孩子们会觉得家长只是在吓唬自己，根本不用放在心上。孩子有了这种想法以后，当然不会去理会家长的批评，依旧我行我素。这个时候，父母的唠叨会使孩子不厌其烦，不但不会听话，反而会变本加厉，言语上的告诫根本对他们起不了什么作用。

张静是家里的独生女，而且家庭条件优越。她多次跟妈妈提出要在自己的卧室里装部电话，这样她和同学、朋友聊天时的隐私就不会被父母知道。多次努力谈判后，张静向妈妈保证不会一直煲电话粥，也不会影响到正常的学习和休息，妈妈最终点头答应了。可此后张静只要一回到自己房里，大半的时间都花费在打电话上，经常夜深的时候，张静仍然对着电话讲个不停。妈妈知道自己不该同意这件事，和爸爸商量拔掉她房间的电话线，可又怕这样做张静会不高兴。妈妈不停地警告张静："如果你还是浪费时间打电话，我就拔掉你房里的电话线。"妈妈第一次警告她时，张静有些担心，乖乖听话了几天，但是妈妈说过好几次，都没有付诸行动，张静就明白了，妈妈并不是真的打算那么做，于是就变得肆无忌惮起来。后来张静完全忽视妈妈的警告，不管妈妈强调多少遍，张静都当作耳旁风，妈妈毫无办法。

其实出现这样的情况，完全是妈妈的错。在对张静进行警告之前，妈妈就应先考虑到各种后果。如果认为为此付出的代价太大，实现起来很困难，那么一开始就不该发出这样的警告，而要另外想办法。要是妈妈觉得为了张静好，付出代价是很有必要的，在张静明知故犯的时候就应该果断地没收她房里的电话，向张静表明自己是说到做到的。

大多父母都认为他们为儿女考虑得够多了，但当儿女体会不到父母的苦心时，反而处处难为父母，让人大伤脑筋。其实孩子向父母发难，都是因为父母采用了错误的教育方式，比如说管教孩子太松或太严，抑或是管得面太宽，本意是为了孩子好，却采用了孩子不能接受的方式和方法。这时父母们不妨自己总结一下经验教训，少一些管教，让孩子有足够的空间，防止孩子因为一些小事认为家长太过强权，便拒绝接受家长所有的要求。

不少孩子一看起电视便会忘记时间。“时间到了，该去写作业了。”“好，就一会儿，我就看一会儿就好。”“不可以，把电视关上。”反复几次，直到妈妈气愤地关掉电视，或是孩子意识到妈妈生气了，之后才把电视关掉。这种情况下，父母要规划好孩子看电视的时间。

早晨起床后，12岁的敏儿在穿衣和洗漱的问题上总是和妈妈作对，好像故意想为难妈妈。

妈妈说：“今天穿新买的那条裙子吧，我把它放在你的椅子上面了，你看见了吗？”

“今天我想穿其他衣服。”

“买的时候，是你自己选的，现在为什么不穿了？”

“没有为什么，就是不想穿。”

“不可理喻！今天必须穿这条裙子，不穿的话我就把它送人！”

可敏儿仍然不肯听妈妈的话。

作为母亲，应该清楚自己提出的要求是不是很有必要，若是没有必要这么做，却执意坚持，就会带来女儿和自己激烈争执的局面，给母女之间的相处造成困扰。

在穿衣服方面也是同样的道理，母亲给孩子买了一件新衣服，希望她穿上后开开心心的，但是对于女儿来说，只对自己想穿的衣服才有兴趣。如果母亲一直催促女儿穿，并且把这个行为演变成要求，那么女儿的心里自然不会快乐，进而产生厌烦的情绪，最后的结果只会是两个人不欢而散。当然，妈妈都是疼爱自己女儿的，只是她的做法很霸道，她恨不得掌握女儿的每一个想法和举动。而每个孩子都会有自己的喜好，让孩子选择适合自己又喜欢的衣服，才能皆大欢喜。

父母要学会从与孩子的冲突中撤离

5岁的李杰向来都听从父母的安排，懂事听话，但是自从他在爷爷家度过暑假后，有时候竟会为了一点儿小事发脾气，爸爸妈妈越小心谨慎，李杰就越爱发脾气，就像一只小刺猬，这使得他的爸爸妈妈很是头痛。他们不知道孩子究竟在爷爷奶奶家遇到了什么事情。有一次妈妈带着李杰去做客，告诉他换一身新衣服和自己同行，可李杰毫不理睬。后来妈妈甚至答应他只要换了衣服跟她出门就会再给他买更多的衣服，但是他就是不答应换衣服。“晨晨已经在家等着我们了，难道你不想和她一起玩了吗？”“当然想。”“那你就应该换衣服啊宝贝，今年你已经5岁了，应该明白什么是脏、什么是干净、什么是帅气，也应该懂得穿得干净整齐是对人家的尊重。”“我不换，就是不想换！”此时失去耐心的妈妈已经不顾一切，抱着李杰就开始使用暴力脱他的衣服，李杰不从，大喊大闹，说什么都不穿妈妈拿来的衣服。妈妈气得在李杰身上打了好几下。哭得越发厉害的李杰丝毫没有妥协的意思，拿起了脏衣服固执地穿上，并且十分委屈地看着妈妈。妈妈这时已经不知所措了，只好低声哄着儿子说道：“宝宝，妈妈跟你一起买滑冰鞋好不好？跟你一块儿玩儿的小朋友都有的那一种。”李杰委屈却兴奋地点点头。“那这样就可以穿干净的衣服了吧？”妈妈花了很大的力气，才让李杰同意换上干净的衣服。

其实，李杰妈妈采用“诱惑”的手段是不明智的，这样只会让自己的孩子以后更加嚣张。家长不妨换一种做法，循循善诱地告诉孩子为什么要换衣服，若孩子固执地不换，只能取消这次做客，给孩子5分钟的考虑时间，5分钟之后如果他还是固执己见，那就向朋友解释，并且取消这次做客，然后回到自己的房间该做什么做什么，表现出对这次做客无所谓的态度，使这次是否去做客的决定取决于李杰自己。那样李杰就不会底气十足地与母亲作对，除非李杰自己本身就根本不想去做客。虽然妈妈的行为可能并不完美，一次很好的聚会会因此取消，但是这样做不仅给这件事情争取到了很好的结果，更是为教育孩子提供了一个好的开端。

“莉莉，中午饭做好了，再不吃可就没有了哦。”爸爸对正在外面玩儿的6岁的孩子喊道。

“知道了，我马上就来。”

可是当爸爸妈妈爷爷奶奶都坐下后，又等了一会儿，却还是没有看见莉莉的身影。很长一段时间后，莉莉一蹦一跳地走了进来，却看到自己的家人都已经开始吃饭，没有等她，也没有再叫她，心里很不舒服，坐到自己的座位上，挑剔地看了今天的饭菜说道：

“又是炒豆芽、炒茄子，天天吃这些我看都看烦了，我要吃鱼！”

“不要闹了，莉莉，我们今天只有这些，想吃鱼要去很远的市场买，今天就吃这些吧，明天妈妈做鱼给你吃好吗？”

“我不要吃，我今天就是要吃鱼。”

“乖乖快吃饭。”

“我就是不吃。”莉莉将身体埋入椅子里，别过头不理大家，直直地看着天花板，一副不给我做鱼我就是不吃的样子。这时爸爸不耐烦了，吵道：“做什么就吃什么，不想吃的话你就回房间饿着吧。”听完爸爸的话，莉莉转身就离开了，但并不是回到自己的房间，而是扭头出去找自己的伙伴玩耍去了。

父母劝莉莉吃饭毫无效果，很难想象下次让莉莉吃饭又会有怎样的争吵，这个局面让父母感到不知如何是好。不管莉莉是不是真心不想吃豆芽、茄子，还是压根儿就没有想吃饭的意思，或者只是以这件事情为借口挑起事端，但到最后事情发展为权力的较量，爸爸命令莉莉必须吃饭，莉莉却毫不把爸爸放在眼里，说不吃就不吃。若爸爸强行把饭菜灌到莉莉嘴里，甚至用暴力的方式强制莉莉吃饭，这样做的结果就是莉莉哭闹，大家心里都不舒服。这样以后莉莉就会好好吃饭吗？不能。她虽然流着泪水，其实心里还是认为自己赢了父亲。

如果家长不用这样不理智的做法逼莉莉吃饭，当莉莉走到餐桌前，看到家人都在用餐，知道自己没有按时来用餐，心里很内疚，又看见父母不和她打招呼，心里暗自失落，便借题发挥，观察他们会是什么态度。

“我不喜欢吃豆芽、茄子，我要吃鱼。”“今天吃豆芽、茄子，你想吃别的我没做，家里也没有，你若想吃鱼，明天我去买，中午再给你做。”妈妈和莉莉说过后继续用餐。“我不，我不喜欢豆芽、茄子，我要吃鱼！”家人对莉莉的行为没有表示任何态度，也没有再理会她。莉莉过了一会儿说：“明天给我做鱼吃。”妈妈很快就说：“可以，以后你想吃什么提前跟妈妈说，快吃吧宝贝。”听完这些，孩子立刻欢快地端起饭碗吃起来了。

为什么这里出现跟上文完全不一样的结果呢？这就是因为父母并没有跟孩子较劲而引起不必要的争吵。在生活中，我们往往因为不必要的争吵而不能和和气气地吃一顿饭，结果饭也没有吃好，孩子还不服气，自己心里也生气，没有达到教育孩子的目的。相反，在第二个例子中，父母把自己应该说的话说完就吃饭了，并没有和孩子争论，没有在餐桌上教育孩子，而是巧妙地避开了冲突。

当生活中出现冲突时，任何人都应该抱着避免冲突的态度来对待一切，孩子的反应是可以预料的，也是很有趣的。小孩子们其实都渴望能得到父母的理解，得到安全感。孩子们并不喜欢父母的沉默漠视，所以他们很快就会意识到改变自己的行为才能获得关注，否则父母不理解自己的感受，是很不快乐的事情。他们会主动和家长亲近，像小猫咪一样跟妈妈撒娇，在父母面前表现得很乖。

也可能会出现孩子故意闹的情况，家长必须丝毫不为他们的挑衅所动，似乎在警示孩子："你做得实在太过分，这就是底线。"孩子就会知趣地改变自己的做法，跟父母重归于好。

每次妈妈叫汤姆吃饭的时候，他都因为玩耍不按时吃饭，少不得会挨一顿打。但是经常才打过他，他的眼泪还挂在脸上，就已经不记得之前的错误和挨打的疼痛了，不然就是这次认真吃完，下次又不好好吃饭了。母亲很为难，面对孩子如此的行为她感到迷茫而又困惑。家长总是告诉汤姆："你得听我的话，不能不按时吃饭。"但是汤姆却有自己的想法："我什么时候吃饭我说了算，你们不要管我。"

假如这时候我们强迫孩子吃饭，逆反心理会使孩子并不顺从，相互斗争的结果就是孩子变得越来越有胆量和父母抗争。如果母子经常这样对抗，这样的关系就会难以改变。也许我们可以换个方式来对待与孩子之间的问题。叫汤姆三声，他还不下来吃饭，在大家都用完餐后把饭菜收拾起来，即使他喊饿要吃饭也不给他吃。即使他来要零食，无论饼干还是牛奶，都不能给，而是要求他等到下次餐点时才能吃东西，就这样一直做下去。时间长了，汤姆感觉到饥饿了，又没有零食，就会准时吃饭。家长朋友们应该抱着很明确的态度跟孩子说："按时吃饭是你自己的事情，你不吃饭我也不会给你零食吃，你只能忍受饥饿了。"

面对和孩子的争吵，妈妈们有很多种撤离方法。妈妈们最常用也最喜欢的地方就是洗手间了，洗手间里一般都有梳妆台，她们可以在那里看看书躲个清净。相对于别的地方来说，洗手间是最隐私的地方，让自己听不见外面的争吵声，所以洗手间是避开和孩子争吵的一个好场所。

诺诺5岁了，这天她吵着要妈妈带她去游乐园，可是妈妈因为在准备晚餐所以没有时间带她去，说一会儿爸爸回来了全家一起去，暂时可以先看会儿书或做一些其他的事情。过了一会儿，诺诺按捺不住又来找妈妈，再次说出自己的要求，并且迫不及待地说想要现在就去玩。妈妈说："可是爸爸已经在回家的路上了，马上就到家了，等爸爸一到家我们就去游乐园玩。爸爸一天没见诺诺了，想诺诺了。""我也想爸爸了，可是我已经等不及了，我现在就要去，你们在干什么跟我没有关系。"看诺诺的表现就是又要闹一场了，这个情况也不是出现一次两次了，每一次孩子都是这样的反应。妈妈一看情况不对，就立刻放下手中的活儿去了洗手间。诺诺在洗手间门口嚷着要进去："打开门，让我进去！""妈妈正在上厕所，没时间陪你，等一会儿好吗？"话音一落便不再传出任何声音了，然后任由诺诺在外面哭闹。最后诺诺告诉妈妈："妈妈你出来吧，别在里面了，我不任性了，一会儿爸爸回来我让他带我去。"隔了不久，妈妈开门出来，看见诺诺正在自己的书桌前看童话书，妈妈立刻竖起大拇指对诺诺欣慰一笑，又到厨房去忙了。

坚持原则，规范孩子的行为

小龙因病在家待了一个星期没去上课，可是现在小龙的病好了，他依然以身体不适为由不想去上学。他的妈妈只好开车将小龙送到学校，当车停在学校门口的时候，妈妈说道：“赶快去吧，小龙，学校的上课铃马上就要响了。你的老师和同学一定想你了，他们都在等着你这个好孩子、好学生、好同学。”小龙却在车上一动不动，假装没有听见。于是小龙的妈妈什么话都没有和小龙多说，也没有冲着小龙大喊大叫，只是自己下了车，随后把小龙强行拉下了车。

有的时候，你越是强求好的结果，越适得其反，随着情况的变化，采取一定的对策，就不会发生争执，在这种条件下，孩子才能更好地理解父母，听父母的话。

小梦的爸爸是个个体户，常年在外闯荡，家中只有母女俩一起过日子，晚上，小梦都是和妈妈一起睡。但是小梦今年15岁了，女孩子到了这个年龄就应该自己单独睡了。妈妈好几次让她自己单独睡觉，可是她都没有自己睡到天亮就又跑去找妈妈了。如果一直这样下去，妈妈担心对小梦以后的独立生活产生影响，可是又感到无能为力。

想要孩子改掉和妈妈一起睡的习惯，是有较大困难的，但是作为父母一定要有充足的信心。作为小梦的家长，态度一定要坚决，绝不可因为孩子撒娇或者要闹而放弃。解决这件事可以分为三个步骤：首先，应该做小梦的心理工作，告诉小梦说她长大了，迟早要脱离爸爸妈妈自己单独睡；其次，应该答应孩子和自己再睡一晚的要求，并且说好以后不再一起睡；最后，就是履行承诺，以后就要回自己的房间单独睡。头两步也许进行得很顺利，可是要想让孩子履行诺言绝不是容易的事。

小梦的妈妈说："刚回到自己房间一切都还好，可是一到了半夜，小梦就来拍打我的门，说：'妈妈，妈妈，我害怕，我要到你的房间和你一起睡'。我想送孩子回到她的房间自己睡，于是陪着她在她房间里待了几个小时。等我回到自己的房间后，又担心孩子醒来，不敢一个人睡又来我的房间找我。不出所料，凌晨4点半，小梦又跑来敲我的门了，看她的样子是见我不在身边吓得不轻。我再次让她回到自己的房间并陪她入睡，反反复复终于算是熬到了天亮。"

妈妈晚上可能会受到孩子的打扰，这是可以预料到的事情。

妈妈越是心软，就越不能帮助孩了独立。孩子若去敲门，家长就要求她自己回到房间睡觉，无论她怎么哀求，只要不动声色，孩子就会自己回到房间睡觉，只要坚持几天就没有问题了。要明白所有的孩子都不可能一辈子有父母陪伴。让孩子自己独自睡觉，是让孩子走向独立和成熟的第一步。

第二天，小梦半夜还是边哭边敲着妈妈的门，要和妈妈一起睡。一想到孩子可怜巴巴的样子，妈妈一下子就心软了，泪流满面，但就算这样，妈妈仍然没有给孩子开门，把她哄回了自己的房间去睡觉。大约一周后，小梦已经不再半夜敲门找妈妈了。妈妈不经意地问小梦："半夜怎么不敲妈妈的门了？"小梦说："妈妈不跟我睡一定是想让我自己睡，而且我也明白妈妈是为我好，慢慢地也就习惯了。"

小梦妈妈的做法是正确的。为了孩子更好地成长，父母有时心硬是很有必要的，从小就应该锻炼孩子独立自主的能力，让孩子有勇气去面对未来，让孩子能更从容地接受挑战。

孩子公共场合顽皮的处理方法

铭铭都4岁了，还是喜欢将收拾好的东西扔到地下，特别是玩得高兴的时候，就能看见他小手一挥把桌上的东西全推下去。妈妈常常告诉他这样做是不对的，偶尔也会对他做出惩罚，但仍然不起作用。孩子还是想怎么样就怎么样，惹得妈妈实在容忍不了就揍他。

春节到了，铭铭的爸爸妈妈带着他到科技馆玩。科技馆内搭建了一个舞台，便于春节期间举行活动。演出正式开始前，舞台上面有几个小孩儿在玩耍，心痒的铭铭也吵着说要和他们一起玩。爸爸见他实在无聊，便同意让他上去玩一会儿，于是让台上的另外几个孩子把他拉了上去。刚开始，铭铭还很规矩，跟着另外几个孩子在台上跳来跳去，但是他渐渐地放松且活跃起来，当跳到桌子面前时，像对待自己家的东西一样挥手把台上的饼干全推下去了。保安走过来一边瞪着铭铭，一边把饼干捡了起来，对着铭铭吼道："这是谁家的孩子，怎么这么没有教养！"从来没有受到如此严厉批评的铭铭，猛地愣在了那里，妈妈走过来把铭铭拉下了台。虽然妈妈心疼自己的儿子被人如此严厉地训斥，但是一想也许让他吃点亏以后就会改掉坏习惯，便只抱起他，什么安慰的话都没说。铭铭委屈地看着妈妈，想从妈妈那里得到些许安慰。

“保安叔叔为什么要骂你呢，宝贝？”

“因为我把饼干打到了地上。”

“这样做是正确的吗？”

“不正确。”

妈妈听到后什么话都没有说，只是用手帕纸给铭铭擦干了鼻涕和眼泪。不一会儿演出开始了，铭铭老老实实地坐在自己的座位上，没有再惹出任何祸端。

铭铭由于顽皮受到了保安叔叔的严厉训斥，如果妈妈不是保持沉默，而是用溺爱的方式保护铭铭不受到责骂，铭铭会认为妈妈是赞同自己的做法的，这种错误的想法会继续鼓励铭铭的错误行为。可是妈妈只是帮他分析了一下挨训的原因，没有说保安叔叔的指责是不正确的，让后果直接告诉铭铭他应该怎样做。经过这次事件后，铭铭有了很大的变化。

合理解决与孩子的冲突

在孩子坚决拒绝换洗衣物的时候，家长应该走开，继续做自己的事情。孩子在最后感到不舒服的时候，还是会向妈妈认错妥协。

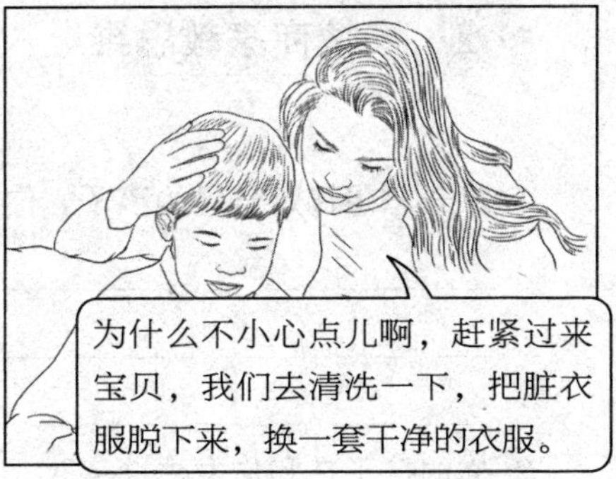

李杰妈妈采用“诱惑”的手段是不明智的，这样只会让自己的孩子以后更加嚣张。

当生活中出现冲突时，孩子们并不喜欢父母的沉默漠视，所以他们很快就会意识到改变自己的行为才能获得关注，否则父母不理解自己的感受，是很不快乐的事情。

高情商家教思维

1. 家长总想搞定自己的孩子，你有没有过这样的想法和行为？

2. 你的孩子在和你发生冲突时，都有哪些言语和行动上的表现？

3. 在解决与孩子冲突的事件上，你对自己满意吗？如果不满意，试着列举一些需要提升的方面。

4. 在与孩子沟通以解决激烈冲突方面，你都有哪些绝招？

5. 你认为自己的孩子是一个听话的乖孩子吗？你希望孩子有什么样的改变？

第六章

真正的爱不是溺爱孩子

无论何时都不溺爱孩子

当今，很多孩子都是独生子女，父母把所有的精力和爱都放在了仅有的孩子身上。父母爱子女是人之常情，无可非议。不过，如果父母将爱发展成溺爱，就会对孩子的健康成长不利。所以，有的人把父母的溺爱称为给孩子的“甜毒品”，即表面上看起来是“香甜可口”的，其实就像毒品，孩子的身心健康都会因此而受到不好的影响。

平平是家长心中的宝贝，家人都对她百般呵护，甚至家长们还常常在平平面前“比拼”，比如奶奶给平平买了新玩具，姥姥就肯定会买个更好的给平平。平平就在这样的环境中长大，她要什么就有什么，什么事都不会做。到了3岁的时候，还要妈妈给她喂饭，也不会自己穿衣服；平时在家里像个小公主，跟长辈说话没一点儿礼貌，只要不顺心就生气、哭闹。在幼儿园，平平也是赖皮得出名。从来不管别的小朋友是否在玩玩具，只要是自己喜欢的，就一定要抢过来玩儿，如果不这样就会放声大哭。时间久了，平平没有朋友，大家都很讨厌她。在幼儿园里，平平备受冷落，不再愿意去上幼儿园。家长看着平平这个样子，十分发愁，他们有时候也想好好教育她，可又总是狠不下心来。

在家庭教育中，溺爱孩子已成为一个很严重的问题。父母溺爱孩子主要表现为：在家庭中，孩子处在中心地位；对孩子百依百顺；让孩子在生活中吃穿都是最好的；孩子的生活家长一手包办，家务活儿一点儿也不让孩子做；不纠正孩子的缺点等。在家长的溺爱下，很多孩子成了“小皇帝”“小公主”，变得蛮横不讲理、自私自利，也不会照顾自己。那么，家长该怎么爱孩子呢？

家长的溺爱是孩子成长过程中的一个温柔的陷阱，一旦孩子掉进这个陷阱里，就会缺乏独立性，依赖自己的父母，没有同情心，不能很好地与他人交往。所以，家长爱孩子一定要有度，一定要记住：只有给予孩子科学合理的爱，才能保证孩子身心健康地成长。

1. 不给孩子特殊待遇

大多数父母就算自己不吃不穿，也竭尽全力一定要给孩子创造最好的条件。时间一长，孩子很容易自私自利，什么都不与别人分享，而且没有同情心。

父母要教育自己的孩子从小养成与别人分享的习惯，不把所有吃的全都给孩子，哪怕只是一个苹果。有些家长可能不理解这种行为，觉得这很自私，但是少吃一块苹果的孩子却可以学会关心别人，自然也就会养成同别人一起分享的习惯。而其实，这样的父母才是理智的家长，不能让孩子觉得自己是特殊的，要让孩子懂得家庭中每一位成员都是一样的，不能有高人一等的感觉，这样才不会让孩子养成自私自利的习惯。

2. 接受孩子“发怒”

家长不应该过分紧张于孩子因自己的要求没得到满足而生气的情况。如果一味地在孩子有不满、提出无理要求时立刻跑去安慰，那么以后孩子就还会用这种方式来解决问题。当孩子无理取闹时，不要表现得太关注，这才是正确的做法。时间久了，孩子觉得这样做没有效果，日后也就不会再做这种无用功了。

3. 教育孩子要“统一战线”

有些家庭中爸爸对孩子进行责罚，妈妈则极力袒护；有时父母一起教育孩子，孩子的爷爷奶奶又会出来袒护。这样不仅对孩子的教育没用，而且家庭也会产生矛盾。想要真正教育好孩子，就应该一家人站在同一战线。当其中一位家长对孩子进行管教时，只要原则、立场和方法没有问题，其他家长就应该和他站在同一战线上。

绝对不纵容孩子任性

浩浩已经5岁了。这天，妈妈去幼儿园接浩浩回家。他们回家的路上有一个大超市，两人经过大超市的时候，浩浩突然说："妈妈，我想吃零食。"

"你不是都答应妈妈吃饭前不吃零食了吗？咱们回家就吃晚饭了。"妈妈答道。

浩浩接着说："不嘛，我就是要吃！"

妈妈说："咱们家还有些零食，回家再吃。"

浩浩依旧坚持道："不行，我想现在就吃。"

妈妈显得很生气，她甩开浩浩的手，不再说话，继续往家走。"哇"的一声，浩浩大哭起来。不过妈妈根本没有回头，还是继续向前走。

这时，浩浩追到妈妈面前，直接躺在地上打起滚儿来，弄得满身灰尘。浩浩这一闹，来往的行人都驻足看起了热闹，妈妈仍然不理浩浩。没过一会儿，浩浩就爬了起来，抓住了妈妈的胳膊就用力掐了一下。这回妈妈真的生气了，抓住他的手，狠狠打了他。于是，浩浩哭得更厉害了。

妈妈沉着脸对浩浩说：“你不愿回家，那你哭吧！”然后妈妈就放开浩浩的手，打算自己回去。妈妈还没走几步路，就听见身后的浩浩大声喊：“妈——妈——”妈妈立刻转过身，走过去问：“跟我回家不？”浩浩边抹眼泪边说：“那我回家后能不能多吃点儿？”妈妈笑着点点头，浩浩这才乖乖跟妈妈回家了。

孩子的心理状态不正常时才会任性，孩子会用任性来威胁父母满足自己的要求。其实任性这个坏习惯对孩子健康成长是非常不利的，假如孩子一直按自己的性子做事，不受任何约束，性格就会变得暴躁且自私。实际上，孩子任性的诱因很多，而因为有不同的诱因，家长要有不同的处理方式。

通常来说，孩子任性发脾气，有以下几种原因：第一是心里觉得委屈，却没有办法解释；第二是因为受到一些打击或者是刺激；第三是某些要求没有被满足；第四是故意发脾气以得到别人的关注。对于任性的孩子，家长要先分析其原因，然后再冷静客观地处理，下面推荐几种处理技巧。

1. 转移孩子的注意力

转移孩子的注意力是解决孩子任性的好方法。家长把孩子的注意力从他坚持的事物上转向其他新奇有趣的事物上是很容易的，因为孩子的注意力容易分散，新鲜有趣的事情很容易吸引孩子的注意力。孩子的注意力一旦被转移，前面发生的不痛快就很快会忘记了。

2. 对孩子暂时不予理睬

家长还可以在孩子发脾气的时候采取暂时不予理会的方法，继续做自己的事情。假如家长这时安慰孩子，反而可能使他的无理行为升级。如果孩子更加胡闹，家长觉得没办法忍受的时候可以选择暂时离开现场。一旦孩子发现无人理睬自己、觉得没趣就会放弃这种做法。当然，在孩子情绪稳定之后，家长也要告诉他为什么自己会这样做。

3. 适当惩罚

当孩子犯错时，对孩子进行一些惩罚也是很有效果的。当孩子不听话发脾气的时候，家长应该先告诉孩子这样做会有什么样的后果。假如孩子听不进去，家长可以采取类似取消孩子 1 个月零花钱的惩罚措施。实施的时候不能因为一时心软就取消，一定要坚持执行到底，不能让孩子觉得家长只是口头威胁。家长要让孩子明白自己必须要这样教育他，才能有效地遏制他那种顽劣任性的行为。当然，惩罚一定要适当，也不能滥用，要边进行惩罚，边进行说服教育。

4. 家长态度要一致

父母态度应该一致，让孩子的任性无处可施。在一些家庭里，孩子不会在父亲面前使性子，因为父亲比较严厉，而妈妈却比较和气，所以孩子总是向妈妈提出无理要求。父母态度不同或截然相反，是没有办法彻底纠正孩子的任性行为的，同时还可能让孩子形成“双重人格”：只在父亲面前做乖孩子，当看到母亲时便立刻变得蛮横无理。

培养孩子的生活自理能力

人生存和发展的基本能力就是生活自理能力，这也是孩子进入社会必须具备的。培养孩子的这种能力，就是培养孩子自己管理自己生活的能力。这是世界各国的父母都应注意的。如果孩子做不到生活独立自理，就会养成依赖父母的习惯。这样的孩子一旦脱离了父母的扶持，就会惊慌失措，在社会上没有竞争力。

小修在家从没做过任何事情。妈妈认为学习才是小修应该做的，至于其他的事情，全部都是妈妈做。这年夏天，小修成绩优异，考上了重点高中。小修的妈妈喜忧参半，喜的是小修考进了重点高中，达到了自己的期望，也就意味着孩子有可能考上重点大学；忧的是小修生活上可能要出问题，他要住宿，但是他却什么事都不会做。

妈妈的担忧成了现实。刚刚开学，小修的生活就乱七八糟。在宿舍的时候，小修的被子总是窝成一团，因为他不会叠被子，导致每次宿舍评分都是差评，室友因此对小修意见很大。

问题还不仅仅出在叠被子上，当小修洗衣服时，他把洗衣粉倒入了放着各种颜色衣服的桶里，泡了大半天，最后所有衣服都被染了色，坏掉了。在同学的指点下，小修才知道衣服不能这么洗，而且衣领袖口之类的地方他总是洗不干净，无奈只能将一大包脏衣服在周末的时候带回家让妈妈洗。更让小修的同学无奈的是，在住校之前，小修竟然不会剥鸡蛋，都是妈妈把鸡蛋剥好了给小修吃。小修第一次自己剥，鸡蛋被剥得坑坑洼洼，并且花了五六分钟。

小修的情绪被这忙乱的生活折腾得很糟糕，学习成绩也因此受到了影响。

日常生活中，很多家长都同小修的母亲有同样的想法，认为智力培养才是最主要的，而忽略了培养孩子的生活自理能力。因此，孩子变得很懒惰，过分依赖父母。

对孩子来讲，迈出家庭的第一步就是有生活自理能力，这也是走入社会所必需的，所以孩子自理能力的培养应该受到家长的重视。家长必须从小就培养孩子这方面的能力。相关专家指出，六七岁是培养孩子自理能力的最佳时期。家长应该如何培养孩子这方面的能力呢?

1. 增强孩子生活自理的意识

假如孩子的任何事情家长都代做的话，时间长了，孩子就会觉得这些事本来就应该父母替自己做，慢慢就会产生一种心理依赖。如果家长在孩子产生这种心理之后再去培养孩子的生活自理能力就比较困难了。所以，当孩子有了自理能力时，就应该告诉孩子自己的事情自己做。如果孩子有了自理的意识，慢慢就会不再麻烦爸爸妈妈了。

2. 有方法、有步骤地提高孩子的自理能力

当孩子还在上幼儿园时，家长就可训练他做自己的事情。开始上学的孩子，家长应该帮助他们逐步掌握自己收拾书包、自己收拾房间、自己洗小衣物的能力。另外，家长还应该让孩子做一些力所能及的家务，如帮父母洗菜、购买物品、打扫卫生等。这不但有利于孩子自理能力的培养，还能让孩子养成爱劳动的习惯，可以培养孩子的集体感和责任心。

3. 教给孩子必要的方法

教孩子的时候要有耐心，因为孩子并不是天生就具备自理能力的。例如在孩子刚学穿裤子时就告诉他裤子要分前后，然后再慢慢穿。父母不要为孩子“包办”所有事情，而要让孩子自己去做。

4. 家长对孩子做的事应以鼓励、肯定为主

当孩子第一次做一件事的时候，难免会出现一些失误。家长不该因此责骂孩子，惩罚更是万万不可的，否则孩子的积极性就会受影响。如果孩子做错了，家长应该帮他们分析原因，看看问题到底出在了什么地方。对于孩子的进步，家长要给予赞扬，并且要让孩子每天都尝试着做新的事情。

用理性的家庭教育培养孩子

家长们都知道孩子不能过分宠爱，不能娇生惯养，不过并不是所有的家长都明白什么行为是正常关爱，什么又是溺爱。很多家长根本无法把握教育孩子的“度”，还有些家长见孩子一哭闹马上就心软了，明明知道这样是不对的，但还是把自己的原则丢到了一边……这都是因为家长没有用科学的方法教育孩子。也就是说，很多家长教育孩子的方式根本就是不理智的。

最近，昭昭的外公和外婆来看他。他们对小外孙喜欢得不得了，因为一年只来两三次，所以每次只要过来，外公外婆就会给昭昭买一大堆好吃的和好玩的。昭昭看到外婆和外公很高兴，并且因此也不太听父母的话了。这一天，该吃午饭了，可昭昭仍然趴在地上玩玩具，妈妈好几次喊他吃饭他都不理。

外婆盛了一碗饭想去喂外孙，妈妈立刻用眼神制止了。妈妈和颜悦色地对昭昭说：“昭昭是不是还不想吃饭？”昭昭点了点头。妈妈又说：“你不吃的话，我们就先吃了。”昭昭还是没在意。于是妈妈不再理会昭昭，开始和外公外婆一起吃饭。没多久，昭昭玩累了，回头发现自己最爱吃的大虾都已经快被吃完了，于是他赶紧爬上椅子，要去拿筷子夹大虾。妈妈抓住昭昭的手说："你洗了手才能吃饭。"昭昭嚷嚷着说："如果我去洗手的话，我的大虾就没有了！"妈妈笑着说："是你自己不要和我们一起吃饭的，刚刚那么多你都不来吃。"她看了看昭昭，又说，"快去洗吧，大虾都给你留下。"昭昭飞快地去洗了手，回来就开始吃饭，而且很香地吃完了饭。

在接下来的日子里，只要到了吃饭的时候，昭昭就会乖乖坐好，不用妈妈叫他，而且都会把饭吃完。外婆不禁佩服起了自己女儿的教育方法。

在碰到昭昭妈妈遇到的情况时，许多家长的处理方法都不对：孩子不想吃饭就跑去喂，孩子想要玩具家长就去买。时间长了，孩子就会变得不讲道理、不懂节约，当然教育也就失败了。家庭教育需要理智，如果在教育过程中情感淹没了理智，纵容又迁就孩子，那么孩子就不能健康成长。

宋代司马光说："为人母者，不患不慈，患于知爱而不知教也。"意思就是说：母亲对自己的孩子不够慈爱不会让人担忧，最让人担忧的是她只知道爱孩子，却不能用正确的方法教育孩子。家长只知道爱孩子是远远不够的，还应该知道怎么教育孩子，要掌握一些科学合理的教育方法。

1. 家长要先"自我教育"

当今市场上有关教育孩子的书籍应有尽有，网上的材料和例子更是数不胜数。家长可以多看、多学习，结合专家意见和别人教育孩子的经验以及自己孩子的实际情况，制定合理正确的教育方法。

2. 做决定前想几秒

家长面对孩子的要求时，不妨思考几秒再选择答不答应，想一想这东西对孩子有没有用，有没有买的必要，这么做应不应该。避免一时冲动对孩子的任何要求都答应，给自己几秒钟，让自己做出的决定真正有利于孩子发展。

3. 奖惩要有法

对孩子进行教育既要有奖励，也要有惩罚，但是应该慎重奖惩，不能随意。有的家长用物质奖励来激励孩子好好学习，就算这样可以达到一定的效果，却很容易让孩子歪曲学习的意义，不利于孩子形成正确的价值观。

4. 教育孩子避免情绪化

家长心情好的时候就和颜悦色地对待孩子，对他们宠爱有加；但是不高兴的时候就恶劣地对待孩子，或者漠不关心，这样的家长会使孩子对他们失去信任。家长如果能在孩子面前克制住自己的情绪，就会让孩子尊重自己，教育效果也会更好。

寻找疼爱与规训之间的平衡

父母与孩子的全部关系，都可以在介于疼爱与规训之间精心维护的一种平衡之中找到。疼爱与规训，这两个变量之间的相互作用是关键，与我们能否成功培养孩子紧密相关。

人们很早以前就知道，一个不被喜爱、触摸和抚慰的婴儿常常死于一种奇怪的疾病，这种疾病最开始被称为“消瘦”。他们会了无生机地在迎来第一个生日之前便夭折了。这种感情需求的证据在公元 13 世纪就已经被发现了，当时弗里德里克二世用一些婴儿做了个实验。他想知道，如果婴儿永远没有机会听到口头语言，他们会说什么语言。为了弄明白这个没有定论的研究课题，他指派养母们给孩子们洗澡，喂他们奶吃，但是禁止她们爱抚、轻拍和与她们照看的孩子说话。这个实验最终失败了，因为这些婴儿全部夭折了。上百个时间更近一些的研究表明，生命的第一年中母亲和孩子的关系对婴儿的成活来说是至关重要的。

疼爱的缺乏对孩子的影响是可以预料的，但是过度的爱或“超级的爱”对孩子的危害，却并没有被充分地认识。有些孩子被“爱”或以“爱”的名义出现的东西给毁了。有些家长在他们的舞台上非常过分地以孩子为目标，把自己所有的希望、梦想、期待和抱负都倾注到孩子身上。这种哲学的自然顶点就是对下一代的过分保护。

一位紧张的母亲说孩子是她生活中唯一的快乐源泉，在长长的夏日里,她大部分时间都坐在房间的窗户前,看她3个女儿玩耍。她担心她们可能会受伤或需要她帮助，或者她们可能会骑自行车到街上去。尽管她的丈夫有诸多怨言，她还是牺牲了她对家庭的其他责任。她没有时间做饭或打扫房间，在窗前看管孩子的任务是她唯一的生活。她被她深爱的孩子可能受到伤害的危险带来的恐惧深深折磨着。

童年时期的疾病或突然而来的危险，对于很爱孩子的父母来说总是难以忍受的，但是对于过分保护孩子的妈妈或爸爸来说，哪怕是最轻微的威胁也能产生难以承受的焦虑。不幸的是，父母并不是唯一受罪的人，孩子经常也是这种焦虑的牺牲品。他们得不到允许去经历合理的危险———种作为成长和发展的必要序幕的冒险。同样，在对孩子们的任何要求都不拒绝的家庭中，前面所描述的物质问题往往会发展到最严重的程度。孩子情感长期不成熟，是父母过分保护的又一个常见的后果。

在控制孩子的极端家庭中，父亲和母亲通常都遵循一种相似的模式。父亲是一个非常忙的人，他深深地陷在工作之中。他从早到晚都不在家，而当他终于回来的时候，他带回家一个装满工作的公事包。他可能经常出差。当他偶尔在家并且不工作的时候，他总是精疲力竭地倒在电视机前看球赛，他不想被打扰。因此，他管理孩子的方式是严厉而冷漠无情的。他时常发脾气，孩子们都知道要与他保持距离。

相反，妈妈则对孩子顺从得多。她的家庭和她的孩子就是她快乐的源泉。事实上，这已经取代了那些从她的婚姻中消失的浪漫火花，她为爸爸对孩子们缺少感情和温柔而担心，她觉得她应该通过向另一个方向倾斜来弥补他的严厉。当他不让孩子们吃晚饭就让他们上床睡觉时，她会偷偷地塞给孩子牛奶和饼干。由于她是爸爸不在时唯一的权威，因此在家中居支配地位的旋律是不成章法的宽容。妈妈太需要这些孩子了，以至于不愿冒险去控制孩子。

这样，两个家长权威的象征是相互矛盾的，孩子被夹在他们中间。孩子对父母都不尊敬，因为一个会破坏另一个的权威。这种自我毁灭的权威形式经常会埋下一颗反叛的定时炸弹，它会在青春期引爆。大家所知道的最不友善、最野蛮的孩子就是从这种极端相结合的家庭中产生的。

如果我们想培养出健康、负责任的孩子，就必须寻求疼爱和控制的“中间地带。”

当你被孩子的反叛挑衅时，要取得决定性的胜利。当孩子问“谁说了算”时要告诉他答案。当他咕哝着抱怨“谁爱我”时，让孩子投入你的臂膀之中，用感情将他包围。尊敬孩子，不要伤害他的尊严，并希望从孩子那里得到相同的东西。这样，你就可以开始享受到有权威的父母地位所带来的令人陶醉的好处了。

疼爱与规训之间的平衡

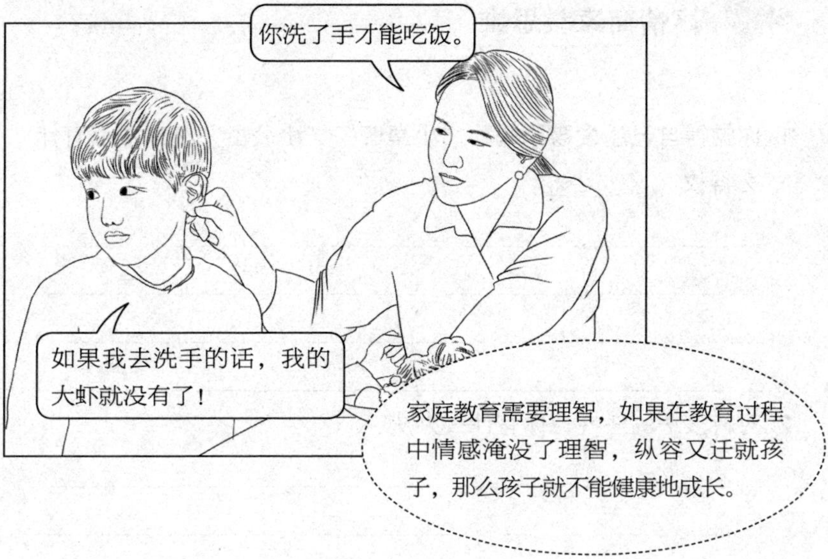
你洗了手才能吃饭。
如果我去洗手的话，我的大虾就没有了！
家庭教育需要理智，如果在教育过程中情感淹没了理智，纵容又迁就孩子，那么孩子就不能健康地成长。

是你自己不要和我们一起吃饭的，刚刚那么多你都不来吃。
快去洗吧，大虾都给你留下。
家长只知道爱孩子是远远不够的，还应该知道怎么教育，掌握一些科学合理的教育方法。

高情商家教思维

1. 你觉得自己溺爱孩子吗？“小皇帝”“小公主”在家里都有什么特权？

2. 对待孩子的任性，你有什么办法？

3. 在培养孩子的生活自理能力上，你有什么规划和措施？

4. 在疼爱与规训之间，应该达到什么样的平衡？请给自己画一道线。

第七章

学习是改变孩子命运的重要途径

制订良好的学习计划是成功的第一步

《礼记·中庸》里有这样一句话："凡事预则立，不预则废。"制订行之有效的学习计划是学习成功的第一步。制订科学合理的计划，有利于实现自己的目标，同时对养成良好的学习习惯和提高学习效率也有极大帮助。有无学习计划，其学习效果是大相径庭的。只有制订科学、合理的学习计划，才能统筹兼顾地安排好各科学习，才能使孩子的生活和学习协调有序，学习成绩稳步上升。而提高学习效率，就一定要按计划行事。

有一位家长举了这样一个例子：孩子小学时学习成绩平平，没有什么突出的优势和天赋。在小学毕业的那个暑假，家长很着急，也非常明白初中 3 年时间对孩子的一生来说至关重要，如果现在再不努力，一切都可能来不及了，所以在开学之前，父母就已经和孩子一起制订好了 3 年的学习计划。以后的日子里，他们一直在向这个目标努力，初中毕业时，按照计划一步步实行的孩子，最终考进了年级前 5 名。

有这样一句俗语说：如果你没有一个好的出身，那么你就应该进一个好的学校。如果进不了好学校，就去遇一个好老师。如果你不能拥有好的学校或者好的老师，那就制订一个好的人生规划并开始努力吧！作为家长，该怎么帮助孩子呢？要注意下面几点：

1. 计划要具有可行性

不要制订难度过高的计划，因为难度过高不仅难以执行，而且容易引起孩子心理失衡和自卑感。有的孩子虽然有了学习计划但没有执行，究其原因主要有以下三个方面：一是计划制订得过于理想，二是本人缺乏执行的毅力，三是周围环境的不支持或情况的不允许。

2. 要考虑生活的各个方面

制订学习计划不能只考虑学习而不顾其他。我们要让学习在一天的生活中占首位，又要使学习同其他活动协调起来。换言之，在一天的作息时间表里既要有学习时间，又要有娱乐时间，例如与同学、朋友、家长聊天的时间，听广播、看电视的时间，等等。总之，一天的活动要多样化，要安排多种活动进行。只有生活有计划、有规律，学习才能更有效率。

3. 计划要能够灵活多变

计划不能死板或一成不变，根据实际情况和执行计划中的体会要有所变动。例如，某天孩子因参加运动会觉得身体非常疲倦，那家长就应该考虑到实际情况让孩子早早休息。如果单纯为了执行计划，孩子边打哈欠边学习，怎么会有学习效率呢？

计划要能灵活多变，但是还要有原则，即要保证基本不变，这样才有利于孩子养成良好的习惯。如果把一些不重要的事情都看成例外，随意变更计划，孩子就难以养成好习惯。所以，在一开始制订计划的时候就应考虑到为一些例外，保留余地。计划一旦制订好，就尽可能不要变动。家长和孩子都要坚持这一重要原则。

4. 学习目标要具体化

计划要依据孩子的能力和特点来制订。不要从父母的喜恶出发，更不要照抄别人的计划，要根据孩子的具体情况来制订。此外，还要注意家庭环境、经济状况、近邻关系等条件。计划中要包括孩子每天的时间安排，要让时间都协调起来。制订计划要依时进行，不同的时期要制订不同的计划。每个学年、每个学期、每个月、每周都该有相应的计划。

计划又分长期和短期。从长期计划看，包括一个学期和一个学年，通常以一个学期为时间段来制订。计划的内容可以包括两个方面：一是打算考到的名次，既可以是你要保住的名次，也可以是你这次决定要超过的名次；二是对总分及各科分数的阶段性要求。这样就使自己有了目标，通过每次小测验、小单元的考试，使成绩慢慢向目标靠近。但切记目标不可定得太高，如果阶段性的考试结果离目标太远，自信心可能被挫伤。

我们再来看短期计划，即一周或者一天的计划，对于一周的计划来说，每周可以确定一两个重点科目来重点学习，如果对知识的渴望超过对升学的热衷，计划中的自由支配时间可以多一些；反之可以少一些。对于一天的计划来说，要注重安排足够的时间来消化当天老师所讲的内容，并留出适当的时间以备调整。总之，远期与近期计划都应符合孩子的自身情况，并要结合学习情况进行调整，这样才能让学习更有效地进行。

制订复习计划也很重要。学完所有的内容后，老师一般会按他的计划带领孩子们复习，而对于即将面临考试的孩子来说，课余时间没有必要完全按老师的思路去做。首先，计划中一定要注意巩固基础知识，因为无论哪一科，基础知识往往被孩子忽视，而事实上这些才是高分的基石，必须扎实。其次，进行考试题型训练，这样可以使孩子熟悉考试，消除手生的感觉，做到熟练解题。再次，留出休息、娱乐、放松心情的时间，这对考前的孩子来说必不可少，很多考生就是在冲刺阶段搞坏了身体，而导致在考试中不能发挥出应有的水平。最后，在临近考试时，回顾基础知识与历届考题应是计划的主要内容，这时候学习计划中学习时间不应该过紧，要用多一些的时间把精神养好。

复习计划要合理科学，根据计划来恰当地安排学习的时间和任务，使学习有秩序地进行，才能把孩子的学习管理好。合理科学的学习计划会大大有利于良好学习习惯的培养。良好的习惯养成以后，学习也就具有规律性了。合理的计划，也有助于形成克服困难、不怕失败的精神，孩子就不会轻易地被困难和挫折所影响，进而达到规定的学习目标。周密科学的学习计划，可以使孩子沿着既定路线，自觉、有效、不间断地前进，最后一定会获得成功。

指导孩子学会预习

预习即自己提前学习老师还没讲的内容，它是准备学习的阶段，也是学习中的必备环节。预习能让孩子更好地学会学习，是孩子学习活动的起点。善于预习的孩子最后往往能够取得好成绩，在课上能更认真地听课，能够一直紧跟着老师的思路，从而有较高的学习效率。

某市中考第一名总结他的学习方法时说：初中刚刚接触物理的时候，感觉完全无从下手，老师讲课时，听得糊里糊涂，更别说自己做题了。之后，每天都进行预习，再上课的时候感觉就没那么吃力了。

以上这位同学的方法便是记住这一节课要讲的基本框架（概念还有定义等）。假设这节课是偏理论的话，他便通读书上的内容，总结一下共有几条定论，它们分别都讲了什么。假设还不清楚就接着仔细阅读，弄清楚这些问题后，再配合一些例题，认真剖析每个概念和定理，加深自己的印象。由于定义都是十分精准的语句，一旦有哪个关键词没注意，都可能理解不到本来的意思，所以预习工作一定要做得十分认真。在预习中，如果在多重思考后还得不到答案，他便仔仔细细标记好，等待老师上课讲解，上课的时候十分注意自己标注的地方，最后彻底吸收理解。如果是实验的话，他便会先去了解所需的材料、器材，之后再了解实验的步骤，用脑子思考，然后想象可能会出现的场景和现象，可以用所学的哪些定理来解释。想想为什么要提出那些注意事项，如果没有注意到的话会怎么样，这样就会使实验更成功，也对实验课有更深的印象。

按照这种方法进行预习，他完全弄懂弄通了让他头疼的物理。与此同时，他还把这种方法普及到所有学科上，而且效果都非常好。

很多孩子在学习过程中都可能会碰到种种困难，有的孩子会觉得自己很笨。假设孩子们能够认真进行预习，并且努力坚持，学习效率一定会提高，成绩也会越来越好。

预习该怎么做呢？要了解教学材料并且认真阅读教辅，发现学习时的难点，做好预习工作。好多孩子根本就不重视预习，只是很随意地翻翻课本，走个形式，根本不动脑子。其实这样根本达不到预习的效果。因此一定要和孩子们讲清楚，预习就是一个自己学习的过程，这能提高学习效率，久而久之，还能促进学习成绩的提高。

1. 预习要安排好时间并整理好预习内容的框架

预习的首要任务是了解老师即将要讲的内容，以及学习的目的，该怎么学习，然后整理出整个章节的结构，其实不用花太多时间去仔细琢磨。这样在第二天上课的时候，就算碰到了不懂的知识点，也不用太害怕，可以先将其放一放，先跟着老师走，这样，就不会觉得与别人差太多。

2. 预习要克服学习新知识中的障碍

很多学生觉得在学习中寸步难行，一般是由于在学习新知识的时候，会用到以前的一些旧知识点，但自己却想不起来这个知识点，这自然会影响到新知识的学习。孩子们需要清楚新知识必定是建立在旧知识上的，所以，预习就是要扫除这些障碍。如果忘记了旧的，就需要巩固记忆，这样第二天上课也不会出现问题，自然也就能学习好新课程了。

3. 预习应该及时记笔记

有句话说得好："不动笔墨不读书。"预习时不要只是单纯地看，还要动笔。在预习的过程中，孩子们需要知道自己不懂什么，尤其是哪些知识点学得不是很清楚，都应该在课本上面标注并整理到笔记本上。孩子动笔的过程，其实就是理解掌握新知识的过程。

4. 预习应自觉完成部分自选练习题

预习时要适当做些练习题，在孩子验证自己的学习效果时，也有利于取得预习想要的效果。独自完成练习时，可以迅速测试出孩子的预习效果。这样，用孩子以往的知识，再加上对教材的理解，从而能很快提高学习新知识的积极性。

讲究听课策略，使孩子爱上听课

听老师讲课是获取知识的主要途径，我们一定要让孩子学会听讲，要充分调动孩子的学习积极性，并且在老师的引导下让孩子学会思考问题、做笔记，只有这样，才能获得良好的学习成绩。

小宝上小学五年级了，他每天都按时学习，从不违反学校纪律，每次也都按时完成老师布置的作业，但是成绩却总是不理想。这到底是什么原因呢？为了了解孩子的学习情况以及成绩不好的原因，小宝父母来到学校想找老师谈谈。当他们经过小宝教室的时候，看到他们正好在上数学课，母亲便扒在小宝教室的玻璃窗上，看小宝是怎么听课的。

上课时间，老师讲课十分认真，大多数孩子都在认真听讲。但是母亲注意到，小宝却没认真听讲，不知道在弄什么东西，还和旁边的同学偷偷地讲话。老师也注意到了这个情况，于是便点了他的名字让他起来回答问题。小宝慢腾腾地站起来，不知道要回答什么，老师便严肃地教育他要认真听讲，小宝爽快地答应了。之后，小宝虽说是盯着黑板，但还是显得心不在焉。终于到了快下课的时候，老师布置了课堂作业，其他同学都认认真真地做起了笔记，只有小宝一副无所事事的样子。一会儿下课铃声响起了，这节课就这样结束了。

看到这里妈妈十分生气，她终于知道孩子为什么总是考不好了，原来是孩子在课上不认真听讲。之后，妈妈又找小宝的老师做了更深入的了解。

妈妈知道了孩子成绩差的原因，回家后找小宝进行了一次谈话，强调了上课听讲的重要性，以及怎么提高自己的课堂效率。刚开始孩子并不受教，在妈妈的耐心教导下，小宝表示以后上课一定要专心听讲。

过了一段时间，小宝的情况有所改善，老师为此还特别表扬了他。现在上课的时候，小宝高度集中自己的注意力，因此也能知道自己哪里不清楚或不懂，能够及时学会弄懂自己所学的知识点，有的上课时没来得及问，便下课请教老师。通过自身的努力，小宝的学习成绩不断提高，在最近一次的考试中，他竟然考进了班里前5名，这是他以前想都不敢想的。

孩子的学习成绩怎样，与他上课听讲的效果关系很大。现在的父母送孩子上学，嘱咐最多就是这两句话：一是上学放学路上要注意安全；二是上课要认真听讲。老师在班上也会多次反复地进行这方面的教育，上课也经常提醒，要同学们认真听课。

孩子为什么不好好听课呢？原因主要是对所学的内容不感兴趣，或者是教师和家长没有及时对孩子进行鼓励。还有一个原因就是孩子没有养成认真听讲的好习惯。家长可以通过以下几方面的工作帮助孩子提高学习能力：

(1) 培养孩子的学习兴趣。如果孩子对学习没有兴趣，就做不到专心听讲，学习也就不能进步。

(2) 父母要多跟孩子交流，了解孩子在想什么，了解孩子的兴趣是什么，哪怕孩子进步了一小点儿也要及时表扬孩子，及时发现孩子的不良习惯和错误观念，并及时把错误找出来。家长必须知道，孩子的注意力不集中并不是有意的，不要经常拿别人的孩子和自己的孩子比较。

(3) 孩子也是有自尊心的。家长要多鼓励孩子，动不动就斥责他们是不对的。孩子的上进心和自尊心正是可以被家长利用的很好的教育资源。父母要根据事情发生的具体情况，理智地对待并解决问题，要尽可能地减少对孩子的责骂。教育孩子要注意方法，及时做好孩子的心理工作，这样孩子才能接受父母的批评。

(4) 绝大多数注意力不集中的孩子，成绩都不太好。作业内容太难，超出了孩子的能力水平，当孩子不能理解的时候，就会产生一系列畏难情绪，精力不能够很好地集中起来，只有当内容和孩子的知识水平差异不大时，才能让孩子注意力集中。这时家长可以以退为进，降低知识的难度，提高孩子的自主学习能力，等他们掌握这部分知识后，自然就能充分理解老师所教给他们的内容、与老师进行沟通了，这样孩子就会把注意力集中到学习上。

(5) 让孩子学会承担责任，这是成长中很重要的。给孩子明确的目标，并引导孩子通过自己的努力达到目标，这样才能把孩子的注意力培养得更好。同时，家长也要注意正确引导，要及时了解孩子已经具备的能力和心理特点，让孩子产生强烈的学习兴趣，从而激发孩子对知识的热爱，并以此引导孩子学会集中注意力。

(6) 如果孩子长期处于背负压力的状态，或一直采用一种单调的方式，就会感觉疲劳。如果晚上让孩子长时间熬夜，不督促孩子早点儿睡觉，会使孩子严重睡眠不足，也不能专心听讲，因此要坚持科学合理的作息制度，使孩子获得充分的休息时间，保证孩子的良好精神状态。

教育孩子对待作业要认真

学生每天都要学很多知识，这些知识需要不断地练习才能得到巩固，并转变为技能。老师布置的课外作业就是对课堂教学的有效延伸，是深刻理解知识的有效方法，是学生课外学习的重要方法。

德国心理学家艾宾浩斯提出了一个著名的“艾宾浩斯遗忘曲线”，也叫艾宾浩斯记忆曲线。这个遗忘曲线告诉我们，孩子刚学习完知识，就会开始遗忘，并且遗忘率是按照先快后慢的方式进行。如果孩子刚学习完不复习，那第二天可能只记得 25%。

有人做过一个实验，把人分成两组，一组学习完一段课文后，不复习，第二天他们只记得 36%，一周后，他们只记得 13%。第二组学习完后，按照艾宾浩斯遗忘曲线进行复习，一天后记忆率达到 98%，一周后达到 86%。

其实让孩子认真做作业也是加强记忆的一种手段，是符合著名的艾宾浩斯遗忘曲线的，否则当天的课程，一周后可能记得的就非常少。

万维钢曾经在《你有你的计划，世界另有计划》中分享“正确的学习方法”，其中证实了做作业的重要性。在这个分享中，他也提到到了心理学家几十年来关于学习有效方法的成果。

要间隔学习，不要突击学习。学习和复习要符合“遗忘曲线”；在不同的场景下，用不同的方式学习同一个内容。例如老师教、自己读、作业、复述；要经常参加测验，看看是否掌握了相关知识；要把新学到的知识和以前的知识建立联系。

让孩子当天完成作业不但符合艾宾浩斯的遗忘曲线，还可以让孩子换一种方式去理解知识，测试自己是否已经掌握了知识。而且现在很多作业都是多种方法结合做题，也间接把新的知识和旧的知识连接起来。

由此可见，做家庭作业是很重要的，对孩子的学习有很大作用，而且家庭作业必须由孩子独立按时完成，这也是孩子想获得好成绩必须要做的。那么，家长该怎么做呢?

1. 培养孩子独立完成家庭作业的习惯

孩子都是贪玩的，家长一定要监督孩子先完成作业，严格规定做家庭作业的时间，给孩子确定时间，坚持下去，让孩子自己独立积极地完成作业。有些孩子做作业时遇到困难，不是自己独立思考解决，而是急于向父母寻求帮助，这可不是一个好习惯。要是长期这样下去，孩子便会对此产生依赖，不能取得学习上的进步。假如父母对孩子不动脑筋地求助随时给予帮助，反而助长了孩子的懒惰心理，不利于孩子在学习上获得进步。

2. 父母应当每天检查孩子的家庭作业

家长可以通过孩子做作业的情况看出孩子的学习状况，字迹和书面的整齐程度也能够反映孩子做作业的认真度。检查作业也可以预防孩子在遇到困难时逃避做作业，或只完成作业的小部分，造成知识点的遗漏。

3. 使孩子养成做事井井有条的习惯

当孩子完成老师布置的作业后，应该让他收拾好自己的学习用品，并准备好第二天需要用的东西，使孩子养成做事有条不紊、有始有终的习惯。

4. 尽量给孩子减负

家长要是想给孩子加大作业量，要考虑孩子的实际情况，量力而行。要是增加家庭作业，增加题量成了孩子在家唯一的学习活动，那是有百害而无一利的。过度地增大压力，不利于孩子的智力发展，更不利于孩子整个身心的健康发展。当孩子完成作业时，可以让他们看些课外读物，带他们到户外玩一会儿，让孩子的各种能力得到更好的锻炼和发展。

5. 制造良好的家庭学习气氛

要让孩子专心学习，首先家长也要安心，可以在旁边看看书、读读报，不要制造出声响。为孩子制造一个安静、学习气氛浓厚的空间，远比坐在孩子身边加以监管有效得多。家长们应该都知道“身教重于言教”。很多孩子不知道学习的目的，只是模仿家长的行为，所以家长应该做好榜样。

6. 不要老跟孩子絮絮叨叨

很多父母都喜欢在孩子做作业的时候在旁边絮叨，美其名曰：不想让孩子有被无视的感觉。其实这样做看起来像是关心，却对孩子造成困扰，弄得孩子不能集中注意力，不能快速完成作业。

7. 不要因为接待客人而影响了孩子

在社会生活中，朋友之间正常的走动、沟通是在所难免的，但是很多人家里来了客人时陪客人一说起来就没完没了，把孩子正在写作业的事都忘了，影响孩子做作业的注意力。所以，对待来访者，家长应该尽量在远离孩子的地方聊天，不要对孩子的学习和休息造成影响。

孩子功课做不好不只是孩子的原因，父母也有责任，应尽量为孩子创造好的学习氛围和环境。

还有一种情况值得注意：当家长检查出孩子作业中的错误时，就立即指出，而且还说出正确答案。这样长期下去孩子就会忽视作业的质量，心里想着反正有爸爸妈妈帮我检查。如果一直这样，必然会不利于孩子成绩的进步。

陈庆也检查孩子的作业，不过都是偷偷进行的，因为她都要求孩子自己检查自己的作业。孩子上初一时，一天晚上，陈庆下班以后，查看孩子的作业本，发现孩子有一道题目旁边写有“重做”二字。陈庆接着向下看，虽然孩子又做了一遍，但是结果竟然一样，而且也没错。那为什么老师还让他重做呢？找到课本一看，原来是孩子抄错了一个数字。

当时天气很冷，可陈庆还是立刻让孩子起床，但没有告诉孩子哪里错了，而是让他自己仔细看。孩子查了一遍，说：“我没发现哪儿有错误啊。”

“如果没错老师怎么会让你重做呢？你仔细再看看。”

孩子又认真仔细地看了一遍，还是说没错。“那就是老师错了？再好好检查一下。”陈庆平静地说。

于是孩子又瞪着那道题看了几分钟，突然意识到什么，打开课本，才发现抄错题了，于是马上改正了过来，这时陈庆立刻对孩子进行了赞扬。

这不仅仅是单纯的对抄错题的改正，而是孩子进行自主思考、培养自我判断能力、提高自信的一次锻炼。

对于家庭作业，孩子和家长往往持不同的看法。家长总想把所有事都放在自己的控制范围内。不过从长远眼光来看，孩子的作业必须要他独立完成才好。其实，就算孩子单独做的作业不是很好，得分也不一定高，却能锻炼孩子的独立学习能力。

为什么老师要布置家庭作业？就是为了让孩子运用自己的技能解决问题。家长从旁给予指导，而不是亲自动手，这样才能让孩子真正受益。孩子总会慢慢长大，这时家长就应该渐渐退出。孩子肯定可以把老师布置的作业做得很好。

让孩子正确看待考试

我们往往用各种测验来检验孩子的学习成绩，尤其是我们现在的中考与高考制度，对孩子的影响是非常大的。因此，大部分家长都希望孩子能够在考试时发挥出真正水平，或者最好能够超常发挥，但想在考试中取得好成绩，是需要技巧的。

孩子在考试中能不能完全用到自己学到的东西，这要看孩子的应试技巧怎么样了。孩子时常会犯这样的错误：没有好好地审题就开始回答，结果往往答错答漏。把题目认真读完仔细地审好，正确地了解题意，让自己的水平都发挥出来，这些都是考试中需要注意的。另外，家长应该引导孩子坦然对待考试结果，这对孩子心态的培养也是重要的。

1. 保持自信

很多人都会问，失败了还有什么自信？失败是不可避免的，要成功怎么能不经历失败呢？要是因为一次失败就把自己贬得一文不值，连自己的长处都抹杀了，那是不对的。父母要正确对孩子进行引导，让他们知道在考试中，哪些问题是处理得刚刚好的，哪些是需要自己全力以赴的，只有对自己充分肯定，才能让有过挫折经历的孩子从过去的阴影中走出来，从容应对下一次的考试。

2. 厘清原因

父母要告诉孩子，现在不是对自己絮絮叨叨“我失败了，我又失败了”的时候，而是厘清失败的真正原因的时候。为什么考试会失败了？是上课没有认真听讲，还是书本上的例题没有弄清楚？是作业没有好好做、没有及时订正，还是答题时粗心大意？是“大意失荆州”，还是考试的时候太紧张了？要认真寻找和分析平时的学习方法、学习习惯以及考场上的心理状态，对症下药，只有吸取经验教训，这样孩子下次考试才能不再犯同样的错误。

3. 善于向别人学习

当父母帮助孩子找原因时，要是发现自己学习方法不对，该掌握的知识都没有很好地巩固记忆，或孩子的做题方法不对，影响做题的效率，就要引导孩子积极向别人看齐，向学习成绩优异、考试发挥自如的同学学习。每一个学习成绩优异的孩子，都有自己的学习方法，或者学习特别勤奋，或者做题一丝不苟，或者学习某门学科有自己独到的见解，等等。这时，家长们要鼓励自己的孩子虚心向他们学习，找到最适合自己的方法，然后为己所用。

4. 相信自己会成功

每一件事情、每一个目标都不是一朝一夕就可以轻易做好、实现的。只努力一次，不会有很大的效果，甚至失败都是习以为常的。所以家长们要告诉孩子，对待一两次努力后的失败，我们要面带笑容，坚信自己现在走的路是正确的，相信自己的成功在前面召唤，相信自己迟早有一天一定会实现梦想。要让孩子认识到，如果一次失败就停止努力，那成功怎么会来光顾你呢?

有一年高考，某省一考生以648分的高分被北京大学经济学院录取，然而谁也没有想到，这位考生曾经是很害怕考试的。

其实刚上初中的时候，他平时的学习情况还挺好，老师上课提出的问题大多数都能顺利地给出答案，也按时完成作业，并且错误也算是挺少的，可是他对考试却很是担忧。每每考试时，他的心里就总是发慌、紧张。平时的小考小测应付得还不错，但越是大考试，情况就越坏，考试时完全不能发挥自己的正常水平。

他曾经这样描述自己一次考试怯场的场景："一拿到试卷，我先略略看了一遍考题，觉得大部分题目都是考基础的，没有太大的难度，心里还算比较轻松，但是当看到最后两道大题时，感觉比较难做，就一下子感觉紧张起来，心里一慌张，立马就绷得紧紧的，就像发高烧了一样，接下来还会感到腿发颤、手发抖。那个时候我已经尽力想让自己静下心，尽快去答题，但是不知道为什么，我的思路好像堵塞了，头脑中什么都没有，什么也写不出来了，只能对着试卷干瞪眼。但是越着急，就越是什么都记不起来，等我终于能静下心来答题了，距离考试结束已经没有多少时间了。"

这个毛病让他的父母非常担心着急，为此，妈妈翻阅了大量有关孩子考试方面的心理学、教育学的书，并多次到学校向老师请教如何帮助孩子克服考试怯场，还两次带孩子到心理医生那里进行咨询。深入地了解和分析之后，妈妈终于看清了儿子考试怯场、紧张的症结是什么。她决心主动帮助儿子，一定要让孩子克服这个毛病。于是妈妈专门为他制订了一个计划。

第一，在日常生活中，妈妈逐渐对他渗透着这样的道理：学习的最终目的不是考试，而是让自己学习到更多的知识和能力，让自己成为有知识、有文化、有能力的人。考试只是检验一个人知识是否掌握的一种手段，就算考不好也没什么关系。经过这样的开导，儿子减轻了思想压力，他考试的时候就不会有那么多包袱和压力了。

第二，帮助儿子打好每个学科的知识基础，练好扎实的基本功。考试怯场，主要还是学习不扎实的反映。如果基础很好，这些题都会做，就不至于害怕考试。所以，妈妈从数学和英语这两门主要学科开始，经常帮儿子查漏补缺，帮孩子学习好每一个知识点，并把每个知识点连接起来，形成知识体系，每天都按时检查儿子的作业，让儿子做好每一道题。通过平时扎实的练习，孩子对自己取得好成绩信心满满。

第三，妈妈还帮助儿子认真总结分析每一次考试的结果，让孩子知道自己为什么丢分了，这样实际上还是在补孩子学习上的漏洞，同时也让孩子感觉到考试有难题也不必担心。

第四，妈妈还跟老师保持联系，希望老师在孩子考试成绩进步时多鼓励孩子，以增强他的信心，培养他良好的心理素质。

第五，妈妈还利用假期在家里进行模拟考试，让爸爸负责监考，这样做是为了让孩子多一些考试经验。在家庭考试中，儿子的心情非常放松，没有什么紧张情绪。如果孩子在考试中发挥正常，那么爸爸妈妈还会给予一定的奖励。

经过父母这么多的努力帮助，他终于摆脱了那种恐惧害怕心理，慢慢地，从一走进考场的慌张到逐渐心理平稳，再到走进考场的镇定和自信，直到满怀信心、踏踏实实，最后达到超常发挥。这些年来，孩子心里最清楚自己是怎么走过来的！又过了几年，他参加了高考，并且收到了北京大学的录取通知书。那一刻，爸爸妈妈和孩子都流下了激动的眼泪。

孩子要求上进，想考出好成绩，大家都希望在学习上取得成功。然而，并不是每个孩子都能一直考试成功。就算是平时学习非常努力认真、学习水平非常高的孩子，也避免不了因为各种原因“马失前蹄”。有时候，付出并不等于收获。不过也不要丢掉自己的信心，一次的失败并不代表永远的失败。

提高学习效率，让学习事半功倍

孩子在一定时间里完成的学习任务或达到的学习效果就是学习效率。很多孩子看上去很用功，但是考试的结果却不尽如人意，原因之一就是学习效率低下。他们在同样的时间内，只能掌握别人学到知识的一部分，这样怎么能取得自己想要的学习效果呢？学习效率的高低受很多因素影响，如孩子的求知欲、学习方法、身体成长状况、智力因素及周围环境、对学习的感兴趣程度等。不过并不是每个孩子都能知道这些，因而找到问题根源对症下药，才能提高孩子的学习效率。学习有方法，方法正确，学习效率就高，成绩就好；方法不正确，学习效率就低，就很难取得自己想要的成绩。父母要注意帮助孩子查找学习方法方面的问题，一起解决问题，从而提高学习效率。

王淼平时学习很用功，让全班同学都自愧不如，因此大家给她起了个“学习机器”的外号。她在课堂上认真听讲，更不用提课后作业完成的认真度了。据和她同宿舍的女生说，她几乎不会浪费任何可以看书的时间，吃饭、走路、上厕所的时候都在看书，甚至说梦话也在背英语单词。班主任每每训斥那些不认真学习的同学时，总会拿她作为示范的例子："你要是有王淼同学十分之一的学习劲头，不管是清华还是北大都是稳操胜券的。"谁只要看一眼她鼻梁上的那副像酒瓶底儿一样厚的眼镜，立刻就会想到"书虫"这个称号。然而，她的学习成绩却不和她的努力程度成正比。因此，许多同学私下里说："她那么用功，怎么就是考不到好成绩啊？"后来，她在高中努力了3年，也才只是上了个大专。

发生上述情况，主要原因就是孩子学习效率不高，事倍功半。面对这样的孩子，许多家长非常为难，不知道该怎么办才好。孩子已经很用功了，不忍心再去责备孩子不努力。而孩子自己，肯定比谁都着急。通常来说，学习成绩最好的孩子往往不是那些学习最用功的孩子，而是那些有自己的学习方法，能够高效率学习的孩子。

许多孩子努力用功了，但是却得不到好成绩。原因之一是学习效率太低，同样的时间内，掌握知识、学习任务的完成情况就不如别人。因此，在学习中，讲究效率是必要的，也是很重要的，我们可以从以下几方面努力：

1. 每天保证充足睡眠

不要熬夜学习，定时睡觉，定时起床，中午坚持午睡。保证有充足的睡眠，才能更好地学习。

2. 学习时要全神贯注

玩儿和学一定要分开，该玩儿的时候玩儿，该学的时候学。学习到一定程度就得休息、补充能量。学习时，一定要全身心地投入，手脑并用。学习时要有陶渊明的“结庐在人境，而无车马喧”的境界。

如果一个人不能集中注意力学习，就不会有高的学习效率。学习时要尽量做到“两耳不闻窗外事，一心只读圣贤书”，一旦有了烦恼及杂念，就不能集中精力。如果出现了对学习产生干扰的事情，就必须分析它并想出能解决问题的办法。面对烦恼而能集中精力学习，那需要极大的耐力和意志力，当需要集中注意力做事时，要做到把烦恼先搁置一旁。

3. 坚持体育锻炼

有了好身体才能好好学习，因而绝不能因为繁忙的学习而忽视了锻炼身体。有的孩子为了学习而忽视锻炼，身体越来越弱，继而对学习力不从心，这样学习效率肯定不会高。

4. 学习要主动

主动学习才能获得学习的乐趣，也才能更有兴趣学习。兴趣是最好的老师，有了兴趣，效率就会在不知不觉中得到提高。有的同学基础知识薄弱，学习过程中老是有不懂的问题，但是不好意思向老师或同学请教，结果郁郁寡欢，心不在焉。这样做不仅不能提高学习效率，还会影响学习的心情。这时，唯一的方法是向人请教，不懂的知识点一定要敢于请教，争取弄懂。平时注意一点一滴地积累，才能进步。

5. 保持愉快的心情，和同学融洽相处

每天都保持愉快的心情，学习时积极投入，自然就会发现在这样的状态下，孩子学习的效率很高。另外，要把个人融入集体中，同学之间互相帮助、互相进步，也能让学习效率提高。

6. 注意条理，提高效率

在学习过程中，孩子的课本、资料等都要整齐规律地摆放，做到需要哪一种时可以很快地找到。而有的孩子查阅某本书时，东找西翻，不仅浪费了时间，还会严重影响心情。对学习资料不能合理安排的孩子，通常不会有高的学习效率和好的成绩。

7. 调节情绪，保持旺盛精力

当学习时间过长、感到疲劳的时候，就得马上休息一下，以便恢复精力。而有些孩子却忽视这些，继续用功，学习效率必然低下，如果咬牙硬撑，不仅学习效果不好，反而会弄坏身体，因此遇到这种情形，我们应该帮助孩子适时地调整自己的情绪。可以引导孩子外出散散步，呼吸一下新鲜空气，也可以让孩子找朋友玩玩儿，还可以让孩子找些与学习内容无关的书籍，这也是帮助孩子换换气氛、调节情绪的一种手段。无论是谁，在桌子旁边坐久了都会感到疲劳烦躁，这是由于长时间都没动，身体因此会产生压力，血流不畅，筋肉疲劳，这时候身体迫切需要活动，转换一下姿势，做一些简单的运动，很有利于孩子恢复身体机能和精力。

学习藏着孩子的未来

她决心主动帮助儿子，一定要让孩子克服这个毛病。于是妈妈专门为他制订了一个计划。
我儿子平时学习很好，但就是考试怯场、紧张，我该怎么办？
经过综合分析，你儿子没有任何问题，你只需要给他信心，多鼓励就可以了！
考试只是检验一个人知识是否掌握的一种手段，就算考不好也没什么关系。
妈妈还帮助儿子认真总结分析每一次考试的结果，让孩子知道自己为什么丢分了，这样实际上还是在补孩子学习上的漏洞，同时也让孩子感觉到考试有难题也不必担心。
我终于考上了北京大学。
通过平时扎实的练习，孩子对自己取得好成绩信心满满，考试再也不会怯场紧张了。
我取得的这一切，都和妈妈耐心的帮助分不开，感谢妈妈！

高情商家教思维

1. 如何和孩子一起制订一个长远的学习规划，又怎样与孩子把这个计划细分为一个一个可以达到的具体目标？

2. 预习功课都要做哪些工作？整理出一套适合自己孩子各学科的预习办法。

3. 与孩子细致交流，研究一下孩子在听课上还有哪些可提升的地方。

4. 孩子可以独立完成作业吗？对于培养孩子独立做作业的好习惯，父母应该注意些什么？

5. 在看待孩子的考试成绩方面，你觉得正确的做法是什么？你对孩子的成绩波动敏感吗？

第八章

培养勇敢、讲诚信、负责任的好孩子

接受鼓励是孩子成长的重要内容

鼓励是培养孩子必不可少的环节，每个孩子都需要家长的鼓励。新生儿初来世界，他们常会发现自己对这个美妙的世界感到力不从心，甚至连走路这么简单的事，都需要一步一步地来。不过即使这样，他却依旧大胆进行尝试，以让自己适应、融入这个世界。就这样，孩子开始进入成人的世界。他们从最基本的技能学起，希望有一天能够自力更生，能够在这个社会上生活。这时，他们最需要的不是责备，而是战胜困难的信心和勇气，这是家长应该给予孩子的。我们在日常生活中，常常会忽视鼓励的作用。很多家长单纯地认为教育才是孩子需要的，而训导与惩罚则更多地在教育中出现，却忽略了鼓励。在孩子的成长过程中，因受到鼓励而产生的自信心占据着重要位置，父母尤其应该注意这一点。

让孩子学习做家务，也是父母教育孩子的一种手段。当孩子想要帮着干活的时候，父母不仅要保护孩子的积极性，而且要鼓励孩子并承认其能力。当然，孩子越帮越忙是在所难免的，有的时候也实在让父母感到麻烦，不过父母肯花点心思在这件事上，也就可以把这些问题解决了。

有的小孩子尤其喜欢跟在大人后面帮大人忙，不过实际上有些家务活对孩子来说并不适合，让他们插手不切合实际。这时父母应该适当地转移孩子的注意力，并引导孩子做一些力所能及的事，如叠被子、扫地、整理房间等。

家长可以允许每天让孩子做好一件事情。父母可以告诉孩子："宝宝是个懂事的好孩子，知道帮妈妈做事，妈妈很高兴。但是你现在还小，这么复杂的事你不容易做而且也做不好，你每天只做一件事，并且把它干好，好不好？"孩子欣喜地答应了，立刻就想去做。例如让孩子整理自己的小书桌，孩子按照你的示范像模像样地先擦擦灰，再放整齐物品，加上家长每天的提醒，这能很有效地培养孩子的责任感。做了一段时间后，孩子就会做得熟练了，这时再给他找一个新的任务，让他有一个新鲜感，不会对自己所做的事情感到厌倦，像每天吃饭前为家人放好碗筷、帮家人叠衣服等都是孩子力所能及的事。由于孩子受到鼓励，就会乐于做这些事，隔段时间再给孩子找一件新的事情做，慢慢地孩子便能获得更多的劳动技能。

家长们通常会固守自己的旧思想，认为孩子只有到了一定年龄段，才能做该年龄段应该做的事情，不然，他缺少经验，不能把这类事做好。然而家长的想法往往是错误的，家长常常因为自己的观念推迟了孩子学会本领的时间，而且最重要的是我们的这种做法会让孩子失去自信心，甚至对自己的能力产生怀疑，使他们的进取心减弱，导致当家长认为孩子该做某件事时，孩子早已没有兴致了。这种消极的想法将会影响孩子的一生。

李龙的女儿今年4岁了，他吸取自己的经验教训，从2岁起就鼓励女儿自己的事情自己做。即使她有时把事情做得一塌糊涂，比如牙膏挤出一大堆，不过李龙还是很开心地告诉她："宝贝，你真厉害，但是如果让爸爸来教你，这样你就能做得更好。"女儿说："爸爸你不要担心，我下次一定会做得更好的。"

因为女儿从小就受到鼓励，所以她最喜欢做的就是帮大人干活儿，大人到地里干活时，她也会兴致勃勃地拿个小铲子一起挖土。不过有时候，孩子不但没帮上忙，还把家里弄得惨不忍睹。这时父母宁愿偷偷地暗地里帮她改正，也很少责怪她，抑或不让她做。添乱是一时的，如果孩子对这件事感兴趣，那么他们就会更好更快地做事。

或许你会说，孩子经常干的事是每当看见大人在做事时就会想去帮忙，比如你正在洗衣服，突然他会把手放进去搅拌搅拌，肥皂水里浸着半截小袖子；淘米时，一个不留神，他那脏兮兮的泥巴手又来搅和了。你可能会生气地说："一边去玩，别在这添乱。"孩子也可能因此消沉，从而变得漠不关心，而到父母需要孩子帮忙的时候，他已经失去了兴趣。其实，小时候不做事的孩子，即便长大也不太会做事。所以如果想让孩子变得更有能力，父母就要忍受孩子的"忙中添乱"。

当孩子刚开始做事时，会犯错是一定的，这时家长的态度是很重要的。家长不要让孩子在潜意识中把自己当作一个"笨蛋"，因为这样会让孩子产生自卑心理，严重时会让孩子无论想要干什么都会感到自己太笨而不想尝试，孩子缺乏技巧必然会做错或做不好事情，然而这种技巧大多是父母没有传授给孩子或孩子还没学会。孩子需要培养勇敢改正错误的精神，在失败中总结经验，从中获取自信心、自尊心。父母不要对孩子冷嘲热讽，让孩子遭受打击；不过，过分赞扬也是不好的，会让孩子有骄傲的情绪。要让孩子始终自信，我们也要不断地鼓励孩子来增加他们的自信心。

家长应该了解孩子的具体学习情况，让孩子在实际操作中获得经验、教训，鼓励孩子从捣乱的“祸害精”变成真正的小帮手。孩子想洗衣服，家长就把洗衣服的方法教给孩子；孩子想做饭，家长就先教会孩子择菜；孩子想洗碗，就先教孩子怎么使用洗涤剂，一个一个地洗，等到差不多明白了，再让孩子多洗点儿……

另外，孩子会出现越帮越忙的现象，其中一个重要的因素是工具不合适。大人所习惯的拖把、扫帚、抹布等工具，却不适合孩子们，所以才导致越帮越忙。工欲善其事，必先利其器，让孩子拥有适合自己的工具，就是对孩子帮忙做事所表现出的最大的尊重和鼓励。到超市买适合孩子用的小工具，得心应手的工具会让孩子们事半功倍，我们在做家务活时，他们也可以兴奋地帮忙，比如把自己的小书桌擦干净，整理自己的房间等。人不是生来就会做任何事，总是需要不断地学习和摸索。作为父母的我们应该多点耐心，多点宽容，并恰当地引导，这样孩子不仅能掌握一定的劳动技能，同时还能养成爱劳动的习惯，而且还能对父母的辛劳有所了解。

如何锻炼孩子的勇气

邻居家的孩子妮妮以前活泼可爱，总喜欢在大人身边跑来跑去。现在她已经开始上小学了，可妈妈发现她从幼儿园开始，胆子就变得小了，也不经常笑了。在学校，她遇到老师同学都怯生生的，上课也不积极发言，即使回答问题也总是喜欢埋着头，说话谁都听不到。因为胆小、沉默的原因，她没有朋友，课间总是一个人静静地坐着。有时有调皮的同学找她玩儿，她也不跟别人玩儿，只是悄悄地绕开。在家里妮妮也沉默寡言，有时妈妈稍微大点儿声喊她都会把她吓一跳。妈妈非常纳闷儿，这孩子怎么变化这么大呢？

每个孩子的胆量都不同。有些孩子天生胆小，害怕陌生人，不敢表现自己，我们应把它看作性格的一部分，不要只是看作是孩子的缺点。孩子胆小，家长也有一定的责任。家长保护意识过强，总喜欢吓唬孩子，孩子做什么家长都不让做，长久下去，孩子就会总结出这么一条经验，就是什么也不做。这在大人看来，他们就显得胆小了。

很多孩子就是因为家庭环境的原因，从小就形成了内向胆小的性格。当你发现原本活泼调皮、喜欢交朋友的孩子一下子变得内向害羞，喜欢生活在自己的世界里时，家长应该对此引起注意和重视。孩子是不是没能适应新环境？是不是孩子在学校遇到什么不顺心的事，从而失去了自信心？

现在很多家庭都是独生子女，因此他们在上学前基本没有与同龄人交往的经验，在家里受到精心保护，这样的生活经历让他们根本不能适应在学校的生活。所以当他们步入幼儿园后，在新的环境里感到特别害羞，面对这些不是处处护着自己的小朋友和老师，他们会从心底感到害怕和孤独。这时，如果家长忽略了孩子的这一变化，没有及时引导孩子，孩子就很容易变得怯懦、退缩，当他们面对各种压力时，因为不知道该怎样应对，只能躲在自己的内心世界里不敢出来。

有些家长不让孩子出去玩儿，不允许孩子与其他孩子交朋友，或者过分疼爱孩子，也是使孩子无法习惯新环境的原因。因为孩子不会跟别人交往，只好采取逃避的方式。有的孩子是因为自身存在某种缺陷，如口吃、外貌不够好等，害怕新环境中的人不能接受他，慢慢地就变得再也不敢当众发言、不敢当众演讲、不喜欢被别人注意到。

家长不要总是批评孩子，应该对孩子多点耐心，鼓励孩子积极和小朋友一起玩耍，教孩子怎么与别人交往，发掘孩子对新事物的兴趣，帮助孩子养成热情、乐观的性格。培养和锻炼孩子所不具备的好的性格特征，家长要尽力发现孩子身上的优点并加以鼓励，使孩子从中获得自信。当孩子面对新环境时，父母应给他仔细说明一下，让孩子能够适应，并要孩子勇敢坚强地去面对。

在孩子面前表现出你对他的喜欢和欣赏，即使只是一件小事。这样，孩子就会更好地了解自己。多鼓励孩子，让孩子觉得父母永远是他们坚强的后盾，当他们失败时，还有父母帮助。每晚都跟孩子谈心，这对建立孩子的自信心有很大帮助，即使是小小的一点儿进步也要加以赞扬和欣赏，这是改变孩子胆小的有效方法。让孩子帮助你做一些他力所能及的事，通过这些事情，孩子会慢慢意识到自己是有能力做这些事的，以后便不再害怕了。

下面是一些建议供父母作为参考：

(1) 积累实践经验。让孩子玩活泼的游戏，哪怕有危险性，家长也不要一直唠叨不停。

(2) 不要把你的意志力强加到孩子身上。让孩子大胆地尝试与各类朋友交流。

(3) 家长对孩子的过分关注是造成孩子胆小的重要原因。假如家长总是对孩子过分关注，孩子也会受到这种情绪的影响，也会变得紧张不安。如果孩子因为失败而表露出怯懦胆小时，要找恰当的机会对孩子进行一些表扬。

(4) 允许孩子出去找小朋友玩儿。有些孩子虽然成绩好，但却缺乏沟通能力，这是因为孩子本身的紧张和烦躁不安。在外面，孩子的情绪总处在不安之中，因此不能自然地说出自己经历的事情。这样的孩子更需要朋友，哪怕一个朋友也行，因此不要对孩子进行束缚，也不要过度保护孩子，能够找到一个和自己谈得来的朋友是很让人欢喜的。

(5) 尽量让不善表达的孩子和一些乐观活泼的孩子一起玩儿。

(6) 让孩子与老师熟悉。多创造一对一的交流机会。

(7) 跟父母一起做锻炼身体的游戏。尽可能让孩子发出一些叫喊声，这可以释放身心压力。

(8) 努力发掘孩子的长处，让孩子多受老师的夸奖和赞扬。

(9) 表扬孩子做勇敢的事情。

(10) 让孩子多些时间准备。让孩子多些训练，等他的心情放松了，就会从开始的不适应慢慢变得游刃有余了。

(11) 父母常带孩子出门，多和同龄的朋友玩儿。

(12) 鼓励孩子多做自己能力范围内的事情。

不失时机地培养孩子的责任感

一个人对自己、他人、家庭、集体以及国家所负责任的认识、情感和信念，以及与之相对应的遵守法律法规、履行自己义务的行为态度，就是我们所说的责任感。孩子有了责任感才能更好地成长。责任感并不是天生的，而是靠后天慢慢培养成的，这是一个从婴儿时期到老年时期的教育过程，而青少年是关键时期。只有从小就培养孩子的责任感，孩子才能在长大以后有承担社会责任的意识。

小海是初三的学生，一天晚上放学回家后，他兴高采烈地告诉爸爸妈妈："老师让自荐做班干部，我想自荐做班长。"父母都非常支持小海。妈妈说："你觉得自己可以胜任吗？班长可没那么容易当。"小海很自信地说："那当然了。别人能做到，我肯定也能做到。"于是小海就很自信地自荐，并且成功地做了班长。刚开始，他管理班级很用心，表现得非常积极。不过随着学习任务的加重，小海觉得很多学习时间都被班级事务占用了，也就没有当初的热情了。

马上就要到元旦了，班级要举办文艺晚会。小海作为班长，协助文艺委员筹备晚会是分内的事情。文艺委员主要负责节目的安排，小海则负责场地的安排以及食物供应等琐事。快要考试了，小海看到别人都在紧张地复习，而自己却一点儿都没复习，也慢慢变得烦躁起来。

一天回到家后，小海不开心地对父母说："很多同学都表示零食没有他们喜欢的，可那是我花了好长时间去采购的。那么辛苦地准备，却没有人体谅我，我真不想当班长了。"妈妈问小海："在你买之前，是不是没有问同学们喜欢什么？"小海说："这个没有。我按照自己的口味买了，我以为他们都喜欢呢。"妈妈说："是你的工作不够细致才会出现这样的问题。如果你买之前先问一下大家，看他们都喜欢吃什么，也就不会出现这种问题了。"

小海说："那多耽误时间。唉！坚决不当班长了。"妈妈立刻很严肃地说："你刚开始自荐的时候我就跟你说过，班长没那么容易当，花时间是必然的，现在你想不做就不做了，让同学和老师都失望，这也是不负责任的表现。"小海听完就不说话了。妈妈接着说："你是个学生，当然首先要好好学习，如何协调时间就是你要思考的。这其实也是在锻炼你的能力。"听完妈妈的话，小海打算把这个班长好好干下去。

后来，经过老师的帮助和指导，小海的管理能力和交流能力得到了提高。同学和老师也都看到了小海的付出，那一年他被评为了"优秀学生"。

孩子的责任感应该从小就开始培养，等孩子长大了才要求孩子要有责任感，孩子只会很茫然，因为他早已经习惯让大人承担所有的责任，自己丝毫不想有责任意识了。

责任感是每个人都该有的。想要自身得到发展，就要对自己负责；想要赢得别人的尊重和信任，就要对别人负责。那么，如何培养孩子责任感呢？

1. 要求孩子做事有始有终

拥有坚强的意志力和持之以恒的态度才能更好地维持良好的责任心，而许多孩子恰恰就缺少这份意志力和态度。孩子常常是3分钟热度，只要碰到一点儿挫折就不想继续下去了，所以，为了培养孩子的责任心，家长平时要注意培养孩子做事负责、不半途而废的好习惯；不分大事小事，家长绝不能允许孩子有始无终，要监督孩子将这件事情从头到尾认认真真地做完。

2. 让孩子自己承担责任

家长在培养孩子责任心的时候，还要让孩子对自己的言行负责。如果孩子犯了错，只要他能够承担责任，就要教育他自己勇敢地面对，对自己做的事负责任，而不要让家长去代替孩子负责。例如孩子踢球时把别人家的玻璃打破了，父母就要带孩子去跟人家道歉。

3. 鼓励孩子参与集体活动

大部分家长认为孩子参加集体活动会耽误学习，所以并不鼓励孩子参加。实际上参加活动的过程也是锻炼孩子很多能力的过程。比如，孩子的组织能力、沟通协调能力以及策划能力等。另外，参加集体活动还可以极大地增加孩子的责任心。

让孩子能够承受失败，正视错误

当今社会是一个充满竞争的社会，不管在哪里上学，都有竞争围绕着孩子。生活在这样的世界中，成功和失败是我们经常会碰到的。家长应仔细想想，我们对孩子有多高的期望值，孩子是否已经面对了太大的压力。很多孩子竞争力不足是父母造成的，因为他们给孩子规定的要求或标准太高，孩子要接受他们施加的巨大压力，因此身心受到伤害。这样孩子的成绩就开始下滑，失败一个接着一个，最后孩子变得完全没有自信心了。所有事物都能够看作是一个过程，失败也是这样，失败是一个学习经验教训到最终成功的过程。家长告诉孩子要敢于面对不公平、不公正的结局，不要害怕犯错误，面对自己犯的错误，要从中总结经验和教训，而绝不能仅仅因为错误就丢了自己的自信心。

小娟的妈妈有非常成功的事业，所以她对自己的孩子有很高的期望。尽管小娟才上小学一年级，妈妈却严格地要求她。小娟慢慢觉得自己特没用，因此，每次妈妈告诉她有什么事做得不好时，她也总是一副不开心的样子，说自己很笨，什么事都做不好、做不对。小娟总是茫然地站在母亲面前，惭愧地低着头，显得十分沮丧。有时妈妈的声音大得像雷声，小娟的大脑中却只剩下一片空白，觉得自己太失败了。当小娟说自己很笨时，妈妈却说："亲爱的，你要明白，你一点儿都不笨，也不傻。你是爸爸妈妈的好孩子，我们也都很爱你。"

这都是因为父母爱孩子，但是现在这些话却对孩子一点儿正面影响都起不了。因为当孩子告诉爸爸妈妈说"我很笨、我很傻"时，父母只是说这些话来宽慰孩子。父母不知道的是当孩子们说这些话时，常常想让父母客观地评价自己，所以父母应该这样告诉孩子："你怎么能这样说自己呢？在爸爸妈妈心里你一直是个聪明的孩子。"毋庸置疑，当孩子没有信心时，鼓励才是父母应该做的事情，而不能只是单纯地安慰劝说。

父母应该有意识地培养孩子的自信心。比如：鼓励孩子去努力实现自己的目标，一旦孩子成功了，不要只是赞扬，更要告诉孩子说："我想，你现在肯定很开心，为自己的目标多做努力是一件开心的事。"这样才能对孩子起到鼓励的作用。

同时，父母还要帮助孩子拥有承认错误的勇气，这样，孩子才能更好改正错误。

小肖拿出爸爸的工具箱正打算修理自己坏了的玩具车，恰好妈妈叫他接电话，小肖立刻跑过去，就在电话中聊起天了。但是放下电话后，他把还没修好的玩具车给忘了，径直走到屋子里，又玩起其他玩具了。爸爸回来后，看见工具箱乱七八糟地堆着，儿子却不在。爸爸很生气地冲过去，见小肖玩游戏玩得兴致勃勃，于是就一把把他抓出来，然后指着乱七八糟的工具说："这怎么弄的？我告诉过你多少次了，用完工具箱后要物归原处。现在，这个你怎么说？"看到爸爸很生气的样子，小肖也觉得很沮丧，当然，这已经不是第一次了。小肖想：这下，爸爸又生气了，什么事在我这儿都办不好。我怎么总这样呢？他心里不停地怨自己，闷闷不乐。

假如小肖的爸爸是这样做的：

当他回家看到这一切时，发现小肖正在玩游戏，他能温和地对小肖说："看来，你是想用这些工具修理东西啊？""是啊，我本来想把我的车修一下的，"小肖不好意思地说，"不过我弄了很久，玩具车还是没修好，后来妈妈让我去接电话，接完电话，这事就被我抛到脑后了。""这样啊，那我们一起来修吧。"爸爸和小肖两个人一起修理玩具车，修完了，爸爸对小肖说："下次再碰到这样的情况，记得要物归原处，知道吗？"

爸爸这样做既让小肖认识到了自己的错误，又没有让小肖觉得自己很没面子，便不会害怕犯错误了。家长要让孩子不但有勇气犯错误，也要有勇气承认错误，更要有勇气改正错误，而且更要让孩子了解父母对他宽容的爱。让孩子学会接受失败和错误，进而学会做人。绝不能让自信心慢慢在孩子身上消失不见，让孩子停止探索、追求的脚步，而是要让孩子变得更优秀。这不仅是鼓励孩子，也是父母的责任。我们要让孩子知道："这次失败了没关系，我还有无数次机会。我知道我一定能够成功，下次我要更努力。错误是每个人都会犯的，我的父母、朋友并不会因为这样就不喜欢我。"从而让孩子充满自信，不怕困难，勇往直前。

一个人必须有能够承受挫折的能力。因为，不经受挫折是不能获得成功的。培养孩子面对失败的从容态度、从失败中站起来的能力，是父母一个很重要的责任。不管是现在还是将来，我们都应该时刻告诉孩子，让他们知道事情并不是都跟他们想的一样。任何事情都会有转机，当孩子渐渐有这种意识的时候，碰到挫折时就会多些平和与理智，多些自信心。这种承受失败的能力要比学习任何知识都重要得多。

幸福人生是教出来的

有一个8岁男孩不想去上学了，每天清晨懒得起床，还经常觉得身体某个部位疼痛，在医院检查不出来器质性病变，不过一回家就没事了。据知，他们老师的教学方式都很死板，而且经常给孩子布置很多作业，对那些学习不好的孩子态度极其粗暴，很多学生都很害怕这样的老师。有次考试，孩子没考好，男孩的父母被老师请来，当时父亲很生气，就打了孩子几下……

其实，与这个男孩有同样遭遇的孩子有很多。简单的知识灌输并不是教育过程，重要的是启发孩子。要让孩子体验玩游戏的快乐，感悟文字中蕴含的人生哲理，即游戏＋体验、做人＋作文。

体验一：相互欣赏

独特的叶子和特殊的礼物活动。

秋天的落叶铺满草坪，让孩子找到一片他们认为最独特、属于自己的那片叶子，并想办法记住。可以通过用眼看、用鼻闻或用手摸等方法。当孩子们都确信认识自己的叶子时，把所有叶子放在一个篮子里，然后让孩子辨认哪片是属于自己的。能否记住自己的叶子是孩子们起初怀疑的，结果却令人惊奇不已，几乎每个孩子都能辨认出属于自己的树叶，每个叶子都能回到孩子的手中。是什么原因呢？有的孩子说："我的叶片全身是金色，所以好认"；有的孩子说："我孤独的心就像满面沧桑的叶子"；有个孩子回答道："对呀，我们每个人都像这叶子一样，各不相同，每个人都有自己的独特性。"

活动在自然界中进行，感悟在游戏当中生成，在充满激情中产生的文章，当然是最富有生命力、最富有感情的了。

接着上边的活动，寻找每个人的优点。选出家庭或班级之最：最爱笑、最会讲故事、最喜欢踢足球、剪纸最棒、做饭和说笑话是最拿手的……相互写出一句对方的优点送给对方，做成一个小镜框。孩子们边做也边能发现自己的闪光点了。

体验二：天使在行动

在班级的课外活动时开展。

每个人拿一张绿色的卡片，在上面写上自己的名字，然后放在一个秘密盒里。每个孩子从盒子里抽取一张绿色卡片，以后你就是这张卡片主人的保护天使，你要处处呵护他，如果他有困难就要帮助他。

接下来可以组织孩子们外出游玩或爬山，帮助他人的天使就有机会了。路上，孩子们开始猜测："你帮我拿水瓶了，你肯定是我的保护天使。""你是为了逗我笑才不停讲故事的，你是我的保护天使吗？”

孩子们可以从中体验到保护和被保护的感觉、欢快地付出爱和享受爱。正如一个曾参加过该活动、平时调皮而倔强的男孩说的：“我原来的想法是我没有什么需要他人帮助的，尤其是保护我的是一个小女孩，但当我正为抖空竹的绳子死死缠绕在一起无法解开而心急时，她耐心地一点儿一点儿帮我解开，我的心瞬间融化了，就像冰融化一样。这种可以帮助人和被别人帮助的感觉真爽。”

体验三：时间布

时间过得太慢总是孩子们痛恨的，于是他们开始期望时间过得快一点儿，而且最好是跳过去，比如说考试。父母或老师可以扮演成一位白头发老人出现在孩子面前，一卷卷布和一枚枚针被拿出来，对他们说：“孩子们，你们总想自己能选择时间，现在，时间交到你们手中自己选择吧。”然后每个孩子手中会拿到一卷时间布，以米为单位标上时间，从出生到一岁，再慢慢长大……直到生命结束。时间布很容易用，只要用一枚针缝起来想省略的时间。只是，如果一旦被缝上了，就永远也不能打开了。

得到时间布后孩子们很开心，他们想，应该把哪天省略掉呢？

明天吧，明天有一场考试呢，于是有同学拿起针，把明天缝上了。有的一学期被同学们缝上，直接过暑假了。个子最高的小男孩把少年和童年都缝上了。

他们边说边玩儿，一直缝，不停地缝下去……

这时，白头发老人突然说话了：“如果时间布被缝完了，那么你也就变成了一个老人，拿不动针了。”听到这里，很多孩子都停下了，已经缝好了的地方也拆掉了，不过有些因为缝得太紧而拆不开了。这时一个孩子说：“我懂了，我们一生，总觉得在前面的是美丽的风景，所以一直往前赶，却把我们欢乐的日子也匆匆缝上了，不过幸亏这只是游戏而已。”

好习惯将使孩子受益一生

我国古代思想家墨子对习惯有一个这样的说法，即“束丝说”：“染于苍则苍，染于黄则黄，固染不可不慎也。”的确，孩子刚生下来的时候就像一束白丝，父母给他染成什么颜色，孩子就会是什么颜色，所以说对待染丝不可不谨慎。孩子的教育也是如此，一定要谨慎地教育孩子。

教育家叶圣陶曾说：“其实教育就是培养习惯。”培根也曾说：“习惯主宰着你的人生。”为什么这么说呢？是因为习惯一旦形成，就会成为半自动化的一种潜意识行为，对未来的人生发展有很大的作用。良好的习惯就像是人存放在自身当中的“道德资本”，会让人一生都受益无穷。

在诺贝尔奖得主的一次聚会上，有一位记者问一位科学家：“请问，您觉得您在哪里学到了最重要的东西？”

这位科学家回答说：“幼儿园。”

“您在幼儿园学到了什么？”

“学到了自己的东西要分给其他小朋友；不是自己的东西就不要拿；做错了事就要学会道歉……”

其实，这位科学家所谓的最重要的东西，就是良好的习惯。

习惯会跟随孩子一生，对孩子的未来有很大影响。一个人如果能养成好习惯，就能提高自己做事的各方面的效率，下面是几个具体表现：

(1) 习惯一旦养成，就能自然地完成所有事情，既节省了精力，又提高了效率。

(2) 习惯一旦养成，人的动作会变得更加协调、准确，就可以得心应手地从事某些复杂的工作。

(3) 习惯一旦养成，就会长久地保存下来，以后也就能更好坚持。

习惯是在生活中慢慢养成的，要想使自己的孩子更出色，从小就要培养孩子的好习惯。那么，父母该怎么做呢？下面几个方面父母可以参考：

1. 明确要求，严格执行

父母应该让孩子明白自己的行为习惯，让孩子清楚自己在做什么。“没有规矩，不成方圆。”在孩子了解清楚以后，就应严格实施。父母不能只提要求，却不在行动上加以督促。如果对孩子要求不严格，遇到困难时放任孩子打退堂鼓，不仅不能使孩子养成良好的习惯，反而会加重孩子的惰性，让孩子更加散漫随性。当孩子培养好习惯时，常常会有相反的力量作祟。如果有一次孩子误入歧途，就可能对孩子的一生产生不良影响。

因此，一旦提出了对孩子的要求，父母就应严格施行，不要做任何退步，也不要轻易改变。这样，孩子的良好习惯才能养成。

2. 当孩子有了好的表现时要及时鼓励

有一位心理学家曾说："人性最深层的需求就是渴望得到别人的赞赏。"著名作家马克·吐温也曾这样说："只凭一句赞美的话我就可以充实地活上两个月。"谁都希望自己的优点和长处得到别人的赞扬和赞美，天真烂漫的孩子更是这样。所以，在恰当的时候，父母要对孩子有一些赞扬。

父母要鼓励孩子有很多办法，对于孩子来说，即使只是一句赞赏的话、一个信任的神态都可能是不小的鼓励。当孩子自己动手叠被、整理房间时，父母可以告诉孩子："学会了自己的事情自己做，真棒！"当孩子为他人、为社会做了好事时，父母可以告诉孩子："爱护他人、助人为乐是了不起的行为，你真让爸妈感到骄傲和自豪！"当孩子遇到挫折失败时，父母可以告诉孩子："这些挫折只是暂时的，爸爸妈妈相信，只要你继续努力，你就一定可以获得成功！"

3. 树立正确的教育理念

每当一个孩子诞生，父母都会觉得无比开心，全家都沉浸在幸福和欢乐之中。正沉浸在欢乐中的父母，都想让自己的孩子受到良好的教育，不过却常常因为教育方法不得当或者其他方面的原因，不能真正把孩子教育好。相关数据表明：未成年犯人和普通未成年人之间的差异就是父母对孩子思想品德的关心程度不同。前者的父母很少关注孩子的思想品格，而后者的父母则是非常关注。“重智轻德”的错误教育观必然会导致孩子形成很多不良习惯。

父母有教育孩子的责任。马克思说：“对子女进行教育是父母的责任。”父母不要总是高高在上，要学会尊重孩子；面对新知识，家长要和孩子一块儿学习，向古代的优秀人物学习，向身边的人学习。作为父母，要自觉学习教育孩子的方法，不断提高自身的教育水平，特别是在培养孩子良好习惯和矫正不良习惯的能力方面。

4. 防微杜渐，及时矫正孩子的不良习惯

父母不能太骄纵孩子。父母一定要把孩子的坏习惯消灭在萌芽状态，防患于未然。不然，当孩子的坏习惯发展到违法犯罪行为时，就已经太晚了。父母要让孩子知道“勿以恶小而为之，勿以善小而不为”的道理，及时矫正孩子的不良习惯。

5. 做好打持久战的准备

习惯是需要慢慢养成的。虽然我们无法确定让孩子养成一个习惯究竟需要多长时间，但我们能够确定的是，培养的时间越长，这个习惯就越不容易改变。所以父母应该坚持让孩子养成好习惯。虽然这对于父母来说是十分艰巨的任务，但是为了孩子未来的发展还是一定要让孩子坚持下去。

习惯需要用科学合理的方法培养，这样才能让孩子更好地发挥自己的特长。

可以说，一个好的习惯会使孩子受益一生。

教育孩子要养成勤俭节约的好习惯

某小学举行了一次展览。“展品”都是学生们扔掉不用的文具，其中包括橡皮、铅笔、尺子、胶带、钢笔、修正液等。关键是它们还能使用。为什么这些文具还能用就已经被丢掉了？主要是因为孩子们还没有珍惜自己物品的意识，没有养成勤俭节约的好习惯。这一代的孩子生活在丰盛的物质条件下，父母们都觉得自己当年条件不好，不过现在条件变好了，再苦都不能苦孩子，再穷也不能穷学习。所以什么都给孩子备齐了，因此孩子也都表现得很不在乎。

勤俭节约不仅是一个好习惯，还是中华民族的传统美德。它不但能让家庭保持富足，而且还能培养孩子艰苦朴素的精神和奋发向上的品质。很难想象，一个不会勤俭节约只会花钱的孩子，未来怎么为国家出力。

曾经有一个故事这样讲道：

有一个人，突然从一无所有的穷人变成了很富裕的人，许多人都去找他询问致富的方法。他说，如果你有一个篮子，每天早晨向篮子里放10个鸡蛋，但是晚上拿出9个鸡蛋，到最后会出现什么情况呢？

“慢慢地，篮子会装满鸡蛋的，”有人回答，“因为我们每天都在篮子里剩了一个鸡蛋。”

听完，富翁接着说：“致富的原则就是每天为自己存一点儿钱。”

这个故事讲了这样一个道理：一定要学会勤俭节约，不然永远不会有很多财富。对你来说1元钱可能微不足道，不过它却能让财富慢慢增长。一个人如果能养成节俭的习惯，不乱花钱，减少不必要的消费，那么很多人都不会说自己穷了。

不过，这对于很多人来说都是一件困难的事情。因为许多人甘愿艰苦地工作，却难以做到生活节俭、不乱花钱。那些习惯把辛苦工作赚来的钱立刻就花掉的人，没有多久他们的收入就会被吃喝一空。因此当金融危机来临时，他们就陷入了困境，甚至还会破产。他们从来不为未来做准备，所以才会这么窘迫。

为了避免上述情况在未来孩子的身上发生，父母要从小事上培养孩子的好习惯，就拿孩子常用的作业本来说：

中中已经上小学五年级了，他的作业本经常未用完就急着换新的。看着这些作业本都还是没用完的，妈妈多次提醒他，不过却基本上不起任何作用。放假前，妈妈让他整理自己的作业本，把没写的清理出来。清点完了后，妈妈问：“你数数总共有多少页？”

“96页。”

“能做成几个本子？”

“如果每本30页的话，那么可以订3本。”

“若不是今天整理，你就把这些当废纸扔了吧？”

中中惭愧地低下了头。

妈妈又说：“看起来一两张纸不起眼，但积少成多，你看你多浪费。平时你最爱看书，也知道造纸是多么不容易！但是看你丢了多少纸张，这不是钱多钱少的问题，如果这样长期下去，你就会养成浪费的坏习惯。你要养成节俭的好习惯啊！”

让孩子养成节俭的习惯其实就是一种理财教育，不过很多父母都故意不在孩子面前提到钱，生怕让孩子过早接触钱而形成对金钱的错误认识。不过在美国，从 3 岁就已经开始对孩子进行理财教育；在英国，小学就设置了理财教育课，并随着孩子年龄的增长开设不同的理财教育内容，让孩子从小就开始接触金钱，树立正确的金钱观。

在现代社会，商品种类繁多，不仅吸引着成年人的目光，对于喜欢追求时尚的青少年来说，也是很大的诱惑。然而，在比利时生活的孩子们，他们从小学就已经开始理财了。孩子们经常会说“我的钱还不够，这个东西我还不能买”“要等到商品降价时我的钱才能用”这一类的话，因为他们懂得，爸妈不会给他们多余的零花钱。在比利时父母的眼中，零花钱能让孩子初步学会理财，而不只是为了让他们享受这个世界的物质条件。

在他们的课本中，他们不会以故事来教给孩子要节俭的道理，而是父母对孩子言传身教。在比利时，一般从 8 岁开始，每周孩子们就能从父母那里得到零花钱了，不过没有太多，大多是几枚硬币。要想买到自己喜欢的东西，孩子们必须一点一滴地慢慢积攒。父母绝对不会多给孩子钱，所以孩子必须要自己会计划。当然，假如孩子没有足够的钱，又特别想买某个东西时，父母会借钱给孩子，不过以后还是要还的。这能让孩子更好地学会理财，树立正确的金钱观。

对于孩子来说，让他们从小就学会节俭是一件很重要的事。父母的消费方式和行为潜移默化地影响着孩子。所以，父母做事的时候要注意，在花钱之前，一般要先给孩子制订一个消费规划。同样，当父母给孩子零花钱的时候，告诉他们不要一次花完。这样，当孩子花钱的时候就会慎重考虑了。

相关研究认为，给孩子零花钱要有一定的标准，尤其应该符合孩子的真实需要，不能孩子要多少就给多少。因为对于孩子来说，钱来得太容易并不是好事，不仅会让孩子养成浪费的坏习惯，而且会使他们缺乏自立能力和吃苦耐劳的精神，对孩子未来的发展不好。

为了培养孩子养成节俭的习惯，父母可以从以下方面努力：

1. 教孩子学会如何花钱

孩子的消费行为是可以培养的，因此从小学低年级开始就应该教孩子学会买东西，指导孩子怎么使用金钱、怎么选择有价值的东西。教孩子要把钱保管好，以防被偷。让孩子养成先认真思考再花钱的好习惯，不要盲目消费。让孩子当家里的理财小主人，可以让孩子更好地学会理财、养成节俭的好习惯。

2. 教孩子学会积累

孩子应该有计划地使用手里的零花钱、压岁钱，并适当积累。让孩子在这个过程中慢慢养成节俭的好品质。

3. 教孩子懂得量入为出

要让孩子知道，能挣钱才能花钱，花多少钱要根据自己能挣多少钱来计算。

4. 教育孩子要珍惜物品，不浪费

让孩子知道什么东西都是来之不易的，不能养成浪费的习惯。还要让孩子经常参加劳动，让孩子体验劳动的辛苦。

使孩子养成讲诚信的好习惯

有这样一句名言：“没有谁必须要成为富人或伟人，也没有谁必须要成为一个聪明人，不过，每个人都必须要诚实。”讲诚信是做人的根本，只有拥有这种品质，才能获得别人的尊重，才能获得别人的相信。讲诚信是做人的根本，是一个人拥有的最宝贵的财产，它能让你挺直腰杆儿做人，还能让孩子更成功地做人。

每个家长都希望自己的孩子诚实守信，不想让他们说谎话。当孩子出现不诚信的现象时，父母应该从孩子的认识发展上找原因，不要只是对孩子非打即骂。父母应该从小就对孩子进行诚信教育。那么，孩子的诚信品质该怎么培养呢？

1. 对孩子进行诚信品质方面的教育

讲诚信是做人的根本，父母应该加强对孩子进行诚信品质方面的教育，要教育孩子从小就守信用、负责任。要让孩子知道，一个人如果言而无信是难以在社会上立足的。父母需要借助实例进行诚信品质教育，给孩子讲诚信故事，让孩子懂得诚信是做人所必需的。

10岁的杰瑞正在与小朋友在家门口的空地上玩棒球，一不小心把别人家的车窗玻璃给打碎了。看到闯祸了，小朋友们都四散而逃了。杰瑞却呆呆地站立了一会儿，决定去向邻居认错。邻居听了杰瑞认错立刻就原谅他了，但还是把这件事告诉了杰瑞的父母。当晚，杰瑞向父亲表示，他会自己挣钱来赔给邻居。

第二天，父亲就陪他去找邻居表示自己愿意赔偿。听了杰瑞的话，邻居笑着说："你这么诚实，而且又勇于承担自己的责任，我怎么好意思要一个小孩子赔偿呢？我很乐意将这辆汽车送给你作为奖赏，反正我也打算不要这辆车了。"因为杰瑞还不够年龄，所以还不能开车，只好交由父母暂时保管。后来，他经常倚在邻居送的那辆车旁边说："我真想快快长大，这样就能开这辆车了。"他接着还说："经过这件事，我更加懂得诚信是可贵的。我以后都会做一个诚实的人。"

我们知道，如果孩子付出了诚信，那么自然会收获信赖。相反，假如孩子虚伪做人，他收获的也是虚伪。当然，家长要从小就开始培养孩子的诚信品质，而且还要坚持不懈。教导孩子在出现缺点和错误时要勇敢承认，接受批评，不要隐藏。对于社会上那种坑蒙拐骗的行为，父母要进行一些批评和批判，让孩子知道，做坏事一定是会遭受惩罚的。只有这样，孩子才能成为一个诚实守信的人。

2. 满足孩子合理的需求

父母要仔细了解孩子内心的需求。当孩子向父母讲述了自己的需求以后，父母应该跟孩子一块儿分析这些需求的性质。如果是合理的需求，父母就要及时满足；对于那些不合理的需求，就要明确告诉孩子。如果连父母也无法分辨是否合理，可以请教别人，然后教育孩子。

当孩子不讲诚信时，父母一定要告诉孩子这种做法是错误的，要严肃地向孩子讲明道理。同时，父母还可以告诉孩子在人际交往中讲信用的作用，让孩子明白做一个讲诚信的人是很重要的。一定不要因为孩子年龄还小就无限放纵，这样对孩子未来的发展很不利。

3. 相信孩子

我们常常会看到这样的父母：他们要求孩子吃完饭后在房间里学习半小时，结果却每隔 5 分钟就进去看一下孩子是否在偷懒；他们让孩子去买东西，不过却又总是担心孩子乱花钱。父母们这么做，往往会导致孩子用撒谎来反抗，而父母的无端猜疑只会导致孩子做更多错事。

4. 父母要敢于承认错误

日常生活中，父母难免会出现一些不讲诚信的行为。如果出现这种情况，父母一定不要再高高在上，而是要虚心向孩子认错，教孩子诚信做人。

培养一个负责任的好孩子

孩子的责任感应该从小就开始培养。等孩子长大了才要求孩子要有责任感，孩子只会很茫然，因为他早已习惯让大人承担所有的责任，自己丝毫不想有责任意识了。

责任感是每个人都该有的。想要自身得到发展，就要对自己负责；想要赢得别人的尊重和信任，就要对别人负责。

参加活动的过程也是锻炼孩子很多能力的过程，家长在培养孩子责任心的时候，还要让孩子对自己的言行负责。

高情商家教思维

1. 接受鼓励是孩子成长的重要内容，列举一些孩子平时力所能及的事情，帮助孩子建立自信心和积累生活经验。

2. 锻炼孩子的勇气，你有什么成功的经验和失败的教训?

3. 面对失败，应该怎样去帮助孩子?

4. 在养成孩子讲诚信方面，你都做了哪些要求? 效果如何?

5. 在培养孩子勇于担责方面，你有哪些经验? 请总结一下。